EL CARNAVAL

EDICIÓN SIMPLIFICADA PARA
USO ESCOLAR Y AUTOESTUDIO

Esta edición, cuyo vocabulario se ha elegido entre las palabras españolas más usadas (según CENTRALA ORDFÖRRÅDET I SPANSKAN de Gorosch, Pontoppidan-Sjövall y el VOCABULARIO BÁSICO de Arias, Pallares, Alegre), ha sido resumida y simplificada para satisfacer las necesidades de los estudiantes de español con unos conocimientos un poco avanzados del idioma.
El vocabulario ha sido seleccionado también de los libros de texto escolares "Línea", "Encuentros" y "Puente", comparado con "Camino" y "Un nivel umbral" del Consejo de Europa.

Editora: Ulla Malmmose

EDICIÓN A CARGO DE:
Berta Pallares, Dinamarca

Diseño de cubierta: Mette Plesner

Ilustraciones: Per Illum

© 1980 por ASCHEHOUG/ALINEA
ISBN-10 Dinamarca 87-23-90342-2
ISBN-13 Dinamarca 978-87-23-90342-6
www.easyreader.dk

Easy Readers

EGMONT

Impreso en Dinamarca por
Sangill Grafisk Produktion, Holme-Olstrup

FRANCISCO GARCÍA PAVÓN
(n. 1919)

Nació en Tomelloso, pueblo de la provincia de Ciudad Real, y Tomelloso es el escenario de *El carnaval,* el relato que presentamos hoy. Por otra parte Tomelloso es también el escenario de otras muchas obras de García Pavón. García Pavón es catedrático de Literatura de la Escuela de Arte dramático y fue Premio Nadal en 1945 con una novela: *Cerca de Oviedo.* Es un escritor muy original tanto en el ensayo como en la novela. Ha hecho una excelente antología de *Cuentistas españoles modernos.* Es el creador de la novela policíaca en España que como él mismo dice: «En España nunca creció de manera vigorosa y diferenciada la novela policíaca y de aventuras ... Yo siempre tuve la vaga idea de escribir novelas policíacas muy españolas ... conocía un ambiente entre rural y provinciano muy bien aprendido: el de mi pueblo: Tomelloso.» Y Plinio y Tomelloso aparecen por primera vez en *Los carros vacíos* incluído en esta colección. Y Plinio y su creador son hoy conocidos en todo el mundo.

El carnaval (1972) es una historia situada en Tomelloso, en la España de 1925. Esta vez es difícil descubrir al autor o autores de un doble asesinato. Plinio y su amigo don Lotario han tardado esta vez un año en encontrar a ... ¿los criminales? ¿el criminal? ... Las historia está llena de suspenso desde el principio hasta el fin y el interés no decae en un solo momento. Otras obras de García Pavón: *Cuentos de mamá* (1952), *La guerra de los 2.000 años* (1967), *El rapto de las Sabinas* (1969), *Un charco de sangre* (1972) entre otras muchas.

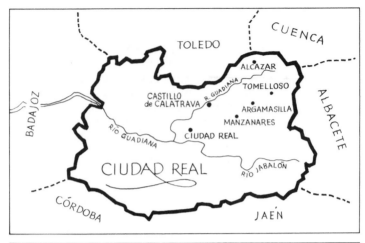

El *carnaval*
I.

Cuando Manuel González, conocido también con el nombre de Plinio, jefe de la Guardia *Municipal* de *Tomelloso (Ciudad Real)*, después de un año de *investigaciones* y de sucesos extraños *concluyó* su trabajo, pudo reconstruir de la siguiente manera parte de los hechos ocurridos en Tomelloso la tarde del domingo de *Piñata* de 1925.

Hacia las seis de la tarde, una persona llegó con un gran paquete debajo del brazo, a un lugar que estaba cerca del *cementerio*. En aquel día, último del carnaval los paseos del cementerio aparecían completamente desiertos. Bajo un cielo gris, los árboles se movían con el viento frío de la tarde. Sobre las *tapias* del cementerio *asomaban* las puntas de los *cipreses* y algunas cruces.

La persona que sólo conocía Plinio se ocultó durante unos minutos en el cementerio. Después de este tiempo salió completamente cambiada.

Había cambiado su cuerpo poniéndose algo muy alto en la cabeza y algo también a los lados del cuerpo. Se ha-

---

carnaval, los tres días anteriores a la *cuaresma* (= tiempo de 40 días antes de la *resurrección,* = vuelta a la vida, de Jesucristo)
municipal, aquí guardia urbano (= de la ciudad o del pueblo)
Tomelloso, Ciudad Real, ver mapa en página 4
investigación, acción de investigar = hacer trabajos para descubrir algo
concluyó, de *concluir,* terminar, acabar
domingo de piñata, ver ilustración en página 6. *Piñata, olla* o semejante llena de dulces, que se rompía a palos con los ojos *vendados* (= tapados con una *venda*) Es propio del baile de *máscaras* del primer domingo de cuaresma o de piñata
cementerio, tapia, ciprés, ver ilustración en página 7
asomar, aquí: que se veían por encima de la tapia

5

bía cubierto toda ella con una *sábana* atada arriba con una *cinta* roja. La cara, cubierta con una *media* negra casi

media

no se veía, casi *oculta* por la sábana que la *máscara* tenía sujeta con las manos cubiertas por unos *guantes* rojos. La máscara llevaba un *bastón* de hierro. No se podía saber si

campana

piñata

venda

careta

máscara

---

sábana, ver ilustración en página 67.
oculta, escondida
máscara, ver ilustración en página 7 y nota a *disfrazado* en página 10

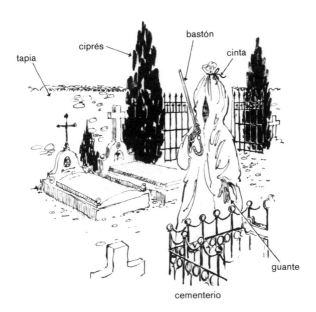

tapia — ciprés — bastón — cinta — guante

cementerio

la máscara era hombre o mujer.

Ya fuera del cementerio y en el camino, la máscara empezó a andar con la mayor decisión por la calle del Campo. Iba andando en silencio y sin dar *broma* a nadie. Parecía que iba, más que a divertirse, a hacer algo más *concreto*.

La verdad es que por la calle del Campo no había mucho carnaval. Algunas máscaras salían de su casa, camino de la plaza, se veían algunos niños ya cansados de tanto carnaval, pero cuanto más se acercaba la máscara a la plaza, mayor era el *bullicio* y el número de personas. En la plaza era casi imposible dar un paso. La máscara, según

---

broma, aquí: decir a alguno una cosa divertida
concreto, preciso
bullicio, ruido hecho por mucha gente

Plinio, debió de cruzar la plaza con gran esfuerzo, hasta llegar a la calle de la Luz.

En la *esquina* se detuvo, sin apartar los ojos de la puerta de la casa de doña Carmen. Era una casa antigua, muy hermosa, una casa de piedra con balcones de hierro y un *llamador* en la puerta.

lechera
mantón
llamador
esquina
acera

Allí, según Plinio, debió permanecer más de una hora, esperando lo que ella sabía. Mientras esperaba, la máscara vio muchas cosas. Algunas las contó un año después la

8

misma máscara. Otras, no las contó pero tuvo que verlas, porque por aquel lugar y a la misma hora las vio Plinio. Por ejemplo, cerca de donde estaba la máscara parada y *acechante* había una tiendecita *improvisada* donde se *alquilaban* trajes de *pierrot*, de *payaso, dominós* y donde se vendían *caretas, serpentinas* y *confetti*. Sobre la puerta había colgado un *pantalón* rojo, cuyas *perneras* vacías se movían al viento.

---

acechante, que espera con algún propósito

improvisada, que no está allí siempre, aquí: preparada para el carnaval

alquilar, dar a otro algo para que lo use por un tiempo, pagando algo por ello

confetti, pedacitos de papel de varias formas y colores que se arrojan (= tiran, echan) las personas unas a otras los días de Carnaval

Dentro de la tienda – esto lo contó la máscara – un hombre se vestía muy deprisa un pierrot negro con *botones* rojos. Era el médico, don Antonio. Cuando salió a la calle, dispuesto a dar bromas a la gente y a pasarlo bien, nuestra máscara, casi sin saber lo que hacía, se acercó a don Antonio a darle broma, su primera broma de la tarde.

– ¡Que no me conoces Antonio, que no me conoces!... ¡Que no me conoces, Antonio, que no me conoces! . . . ¡Ay, Antonio . . .; que no me conoces!

El Pierrot negro recibió la broma con cierta *perplejidad.* ¿Dónde se había visto que una máscara diese broma a otra máscara? ¿Cómo era posible que le hubieran conocido? ¿Es que estaba mal *disfrazado?* Don Antonio miraba a la máscara sin saber qué hacer ni qué decir.

Nuestra máscara seguía:

– ¡Que no me conoces, Antonio . . .; que no me conoces!

El médico empezó a mirar su *disfraz* de arriba abajo para ver por dónde podía conocerle la máscara.

Por fin, el médico dio media vuelta y, sin decir nada, se perdió entre la gente.

Nuestra máscara, cuando se fue el médico volvió a la esquina de la calle de la Luz. Allí se detuvo, como quien espera a la *novia,* y, sin dejar de mirar la puerta de la casa de doña Carmen, se puso a ver pasar las máscaras que iban muy alegres hacia la plaza.

Pasó bastante tiempo. La máscara que acechaba a la

---

botón, ver ilustración en página 9
perplejidad, duda
disfrazado, que se pone un *disfraz,* traje con el que se aparece como persona distinta de la que se es. Disfrazado = *máscara*
novia, la mujer que se va a casar

esquina de la calle de la Luz parecía *impaciente*. Sus ojos no se separaban de la puerta de la casa de doña Carmen.

Empezaba a anochecer. De pronto la máscara de la esquina hizo un movimiento de defensa, casi *imperceptible* como si quisiera ocultarse.

La puerta de la casa de doña Carmen se había abierto, y una mujer de unos sesenta años, pequeñita y delgada vestida de negro, con *mantón* y pañuelo a la cabeza salió de la casa. La mujer *echó a* andar por la calle de la Luz. Llevaba una *lechera* en la mano y caminaba con prisa, como huyendo del carnaval.

Nuestra máscara, pegada a la pared de la *acera* de enfrente, iba detrás de la mujer, de Antonia, la vieja *sirvienta* de doña Carmen.

Antonia se fue andando por el *callejón* de la *Vaquería*, El callejón estaba completamente desierto en un día de carnaval. Era un callejón que unía dos calles principales. No tenía luces y sólo *daban a* él partes de atrás de las casas cuyas entradas principales daban a las otras calles. La única entrada a este callejón era la vaquería de Quintero.

Al llegar al callejón la máscara fue con más cuidado, se escondió y esperó a que Antonia, comprada la leche, volviera por el mismo camino. Antonia no tardó en volver. Cuando la máscara sintió que Antonia estaba cerca salió

---

impaciente, aquí: *intranquilo,* no tranquilo
imperceptible, que no se *percibe* = no se nota
mantón, lechera, acera, ver ilustración en página 8
echar a andar, empezar a andar
sirvienta, criada
callejón, calle estrecha y larga, en general entre paredes
vaquería, lugar donde hay *vacas* y en el que se vende *leche* = líquido blanco que dan las vacas para alimentar a sus *crías* (= hijos) Ver ilustración en página 12
dar a, ir a parar a.

mosca

vaca

de su *escondite* y empezó a decirle con una voz que no era la suya:

– ¡Antonia, que no me conoces, que no me conoces, Antonia...! Antonia, medio asustada, se quedó mirando a la máscara como si quisiera conocerla.

La máscara seguía diciéndole:

– ¡Antonia, que no me conoces... que no me conoces Antonia! ¡Antonia que no me conoces... que no me conoces, Antonia!

Y mientras decía esto, la máscara iba empujando a Antonia poco a poco hacia la pared.

Antonia decidió apartar a la máscara *bruscamente*. La

---

escondite, lugar donde alguien se esconde, se oculta
bruscamente, aqui: de pronto y con fuerza

máscara se opuso. Antonia levantó la lechera, para darle con ella.

La máscara entonces, con los brazos en cruz para no dejar pasar a Antonia la empujó con fuerza con su propio cuerpo contra la pared. A Antonia se le cayó gran parte de la leche sobre el mantón. Y, según su costumbre, empezó a decirle a la máscara los mayores *insultos* sin dejar de mirar la careta improvisada con una media negra. Antonia la miraba como si la conociera, como si estuviera a punto de conocerla . . .

Fue entonces cuando la máscara, levantando el bastón de hierro le dio a Antonia un golpe en la cabeza con todas sus fuerzas. Antonia cayó al suelo, sin dar un grito, sobre la lechera que no había soltado de la mano. La máscara *enfurecida* le dio más y más golpes en la cabeza. La sangre y los *sesos* saltaron a la pared y se veían también por debajo del pañuelo negro que cubría la cabeza de Antonia.

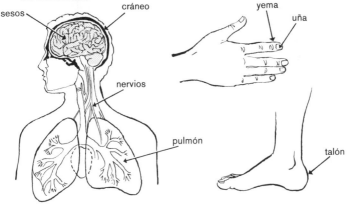

insulto, palabra dicha contra alguien y que no le agrada a quien se le dice
enfurecida, que está furiosa

La máscara dijo algo así como: «Así callarás». Y a grandes pasos se fue por el callejón de la vaquería arriba. Pronto llegó a la plaza y atravesando por entre la gente llegó al pequeño teatro. Sacó una entrada, de las que valían una peseta y se fue hacia el *retrete*. Pero se equivocó de puerta y se encontró, sin pensarlo, en el escenario que estaba vacío y casi oscuro ya que la *cortina* estaba *echada*. Vio en el escenario una gran *alfombra arrollada*. Todo lo

puro   piano

cortina   gabán   alfombra arrollada

deprisa que pudo se quitó la sábana y ésta y el bastón de hierro los metió por un extremo de la alfombra. La máscara quedó vestida de manera completamente distinta. Quedó vestida con un *uniforme de caballería: guerrera* azul y pantalón rojo y en la cabeza una especie de *turbante* he-

---

retrete, W.C.
echada, puesta de manera que oculta el escenario
uniforme de *caballería*, traje especial de *caballería*, cuerpo de soldados que van a caballo y material de guerra correspondiente

co con una *toalla*. Solamente entonces pudo verse que la máscara era un hombre.

Así vestido se metió entre la gente que llenaba el teatrillo convertido en salón de baile. Había tanta gente que casi no se podía bailar. Pocos minutos después de haber estado en el baile mirando a la gente salió del teatro lo más deprisa que pudo y se fue por el callejón del Zurdo que estaba completamente oscuro. Se paró delante de una puerta grande y sacó del bolsillo una llave también muy grande, abrió la puerta y entró cerrando la puerta detrás de sí.

guerrera

turbante

Preguntas

1. ¿Cómo era la máscara?

2. ¿Qué hizo la máscara cuando llegó a la calle de la Luz?

3. ¿Qué hace la máscara mientras espera y qué espera?

4. ¿Quiere usted hablar del ambiente del Carnaval en Tomelloso?

5. ¿Quién era y qué hizo la persona que salió de la casa?

6. ¿Qué hizo la máscara cuando vio a la persona? ¿Qué hizo la persona? ¿Cuál fue el resultado?

7. ¿Qué hizo la máscara después de golpear a la persona?

---

toalla, ver ilustración en página 67.

II.

Plinio y su inseparable amigo don Lotario, *veterinario* de Tomelloso estaban sentados en el salón del «*Casino* de San Fernando» bebiendo una taza de café. En el «Casino de San Fernando» no había baile hasta después de la *cena* y los *socios* podían pasar allí la tarde hablando tranquilamente de sus cosas.

A las ocho en punto apareció el *cabo* Maleza en la puerta del salón del Casino. Desde allí buscó a su jefe con los ojos y le hizo una seña para que se acercase.

Plinio se levantó y casi arrastrando el *sable* se acercó al cabo Maleza, con su manera especial de andar, como sin gana. Hablaron durante unos segundos Plinio y su cabo. En realidad el que hablaba era el cabo Maleza. Plinio le escuchaba mirando hacia el suelo y con el cigarro, como siempre, entre los labios. Cuando Maleza se calló hubo unos segundos de silencio. Por fin, Plinio hizo un gesto *ambiguo,* que era sin duda reflejo de sus pensamientos sobre lo que acababa de oir. Luego se volvió hacia donde estaba sentado don Lotario, que no había dejado de mirar ni un momento a Plinio y a Maleza, y le hizo una seña para que se acercara.

El veterinario, que no esperaba otra cosa, llegó enseguida para saber lo que ocurría.

---

veterinario, persona cuyo trabajo es curar a los animales
casino, lugar donde se reunen personas para hablar o jugar o con motivo de actos *culturales* (= de cultura)
cena, comida que se toma por la noche
socio, aquí: que pertenece al casino y puede entrar cuando quiere porque paga la cantidad fijada para ello
cabo, aquí: persona de la policía superior al guardia simple
ambiguo, que puede entenderse de varias maneras

cigarrillo

pelliza

sable

percha

capa

– ¿Qué pasa, Manuel?

– Vamos. Un *crimen*.

Don Lotario, sin decir ni una palabra se acercó a la *percha* y tomó la *pelliza* de Plinio y su propia *capa*. Tan pequeñito como era el veterinario y amigo del gran Plinio casi no se le veía con tanta ropa en los brazos.

Plinio, mientras se ponía la pelliza preguntó al cabo Maleza que esperaba.

– ¿Dices que has *avisado* al médico?

– Sí, señor lo avisé por teléfono desde el *Ayuntamiento*.

---

crimen, aquí: matar a alguien
avisar, dar noticia de algún hecho
Ayuntamiento, lugar donde están las autoridades de un pueblo

– ¿Y al juez?

– Al juez y al secretario fue a avisarlos el *alguacil* que estaba con nosotros . . . que para eso le pagan.

Bajaron la escalera al paso de Plinio, que siempre que tenía que empezar con un caso nuevo parecía no tener ganas de hacerlo.

– Seguro que ha sido alguna máscara. Alguna máscara *borracha*. Hoy se ha bebido mucho vino en el pueblo – dijo Maleza.

Plinio lo miró con gesto de *burla*. Maleza se molestó.

– ¿Quién sino un borracho va a matar a una vieja . . . matar a una vieja para nada?

– No se mata a nadie «para nada», ¿verdad, Manuel? – dijo el veterinario.

Plinio no contestó a la pregunta pero dijo:

– No me gustan los crímenes de carnaval.

– ¿Quién es la muerta? – preguntó don Lotario.

– Antonia, la criada de doña Carmen – le respondió Maleza.

Don Lotario hizo un gesto de *extrañeza,* pero no dijo ni una sola palabra.

En la plaza a esa hora había ya menos gente. Las máscaras, con las caretas en la mano, se marchaban hacia sus casas. Todavía, sin embargo, Quiroga, el que todos los años se vestía de *don Juan Tenorio,* paseaba solo, muy orgulloso con su traje de caballero.

En la plaza, quedaban por el suelo las serpentinas, los

---

alguacil, persona inferior de la justicia
borracho, que ha bebido mucho, aquí: vino
burla, aquí: como riéndose de lo que Maleza ha dicho
extrañeza, aquí: de no entender lo que pasa
don Juan Tenorio, personaje célebre creado por Tirso de Molina (1584-1648) y tipo de don Juan

farola

confetti y alguna careta perdida. Cuatro máscaras borrachas cantaban alrededor de una *farola*:

> En tu país
> no hay luz
> desde que tú
> viniste aquí . . .
> En tu país
> no hay luz
> desde que tú
> viniste aquí . . .

Cuando Plinio y los suyos llegaron al callejón de la Vaquería vieron que había allí mucha gente. La noche era tan oscura que solamente se distinguían sombras que se movían y hablaban. Hacia la puerta de la vaquería se veían algunas luces.

– Allí va Plinio con el veterinario – dijo alguien.

Y las gentes se volvían para mirar a Plinio y le dejaban paso libre. Plinio pasó por entre la gente, con las manos metidas en los bolsillos de la pelliza y con el cigarillo en la boca, según su costumbre.

Llegaron hasta la puerta. Ya estaban allí el médico, el juez y el alguacil.

El médico, que se había quitado la careta y que todavía llevaba puesto el disfraz de dominó que podía verse debajo del abrigo, había quitado el pañuelo negro de la cabeza de Antonia y pasaba el dedo sobre las heridas. A Antonia se le veía la cara roja de sangre. Tenía los ojos abiertos y un poco de pelo le caía sobre la frente. En una mano tenía fuertemente agarrada la lechera.

El médico le dijo a Plinio:

– Le han deshecho el *cráneo* a golpes.

– ¿Quién la ha visto primero? – preguntó Plinio dirigiéndose a la gente.

– Yo – respondió un hombre grande vestido de mujer, con la cara todavía pintada.

– ¿Cuándo la viste?

– Cuando me iba a casa. *Tropecé* con la muerta y casi me mato.

– ¿Cuánto tiempo hará que la mataron? – preguntó

---

cráneo, ver ilustración en página 13
tropecé de *tropezar,* dar con los pies en algo que pone en peligro de caer

Plinio al médico.

– Como una hora.

Llegaron dos hombres con una *camilla* para llevarse el cuerpo. Al ponerlo sobre la camilla uno de los hombres preguntó:

– ¿Le quitamos la lechera?

– Déjasela. Es lo mismo – dijo Plinio.

El *camillero* recogió los brazos de Antonia sobre el cuerpo de modo que la lechera quedase sobre las piernas.

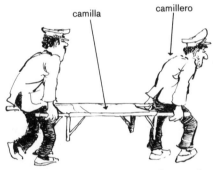

camilla

camillero

Plinio y el juez esperaron a que se fueran los de la camilla y la gente. Entonces se despidieron.

Cuando el juez también se había marchado Plinio entró en la vaquería con don Lotario y con Maleza.

Quintero, el *vaquero,* miró a los que entraban con miedo.

– ¿Qué me dices de ésto? – le preguntó Plinio a manera de saludo.

– No sé nada – dijo Quintero.

– ¿No oíste nada?

– No, señor . . . Compró su leche como todas las tardes y se marchó. Luego yo no he salido de aquí. La primera

---

vaquero, el que cuida o es dueño de las vacas

noticia me la dio el hombre ese grande de la cara pintada que ha hablado con usted.

– ¿A qué hora vino Antonia?

– Siempre viene hacia las siete y media.

– ¿Es posible que no la haya visto nadie?

– Después de las siete y media viene poca gente.

– Bastaba con que hubiera pasado una persona solamente . . . una sola persona. Tal como estaba el *cadáver* tenían que verla.

– Pues, si alguien la vio, nada dijo, Manuel.

– ¿Y tú no oíste nada, nada?

– Nada. No, señor, no oí nada. Ha habido mucho ruido de máscaras en la calle de la Feria.

Plinio salió de la vaquería junto con don Lotario y Maleza, camino de la plaza.

– Esto del carnaval deberían *suprimirlo,* Manuel . . ., por lo menos en los pueblos. No digo que lo supriman en las grandes capitales, donde el carnaval se hace a base de bailes y *batallas* de flores, pero en los pueblos . . .

– Sí, lo de siempre, las *diversiones* para los ricos; los pobres como son tan *brutos,* nada – respondió el cabo Maleza con su mal humor de siempre.

– Si tú llamas diversión a matar a una pobre vieja *indefensa* – dijo el veterinario.

– Eso es un accidente . . .

Cuando llegaron a la esquina de la calle de la Luz, Plinio, que hasta entonces no había dicho nada, dijo:

---

cadáver, cuerpo muerto
suprimir, aquí: prohibir
batalla, lucha
diversión, acción de *divertir,* hacer algo para pasar un buen rato
bruto, no inteligente
indefensa, que no puede defenderse

– Voy a casa de doña Carmen a ver si me dicen algo.

Se fue sin decir nada más. Don Lotario y el cabo Maleza se quedaron parados en la esquina de la calle de la Luz con la conversación interrumpida y sin saber muy bien qué hacer en aquel momento. Por fin siguieron andando y hablando de la pobre Antonia y se despidieron cerca ya del Ayuntamiento.

Preguntas

1. ¿A qué hora llegó Maleza al Casino?

2. ¿Qué le contó a Plinio?

3. ¿Qué hicieron Maleza, Plinio y don Lotario? ¿Qué vieron al llegar al lugar al que iban?

4. ¿Qué cantaban las máscaras borrachas? ¿Porqué cantaban esa canción precisamente y a quién se la cantaban?

5. ¿Qué dijo el médico que le habían hecho a Antonia?

6. ¿Quién fue el primero que vio a Antonia?

7. ¿Qué piensa don Lotario del carnaval? ¿Y Maleza? ¿Y usted?

III.

Plinio sentía siempre una gran emoción, muy especial, cuando entraba en la casa de doña Carmen. La casa de doña Carmen era la primera casa del pueblo. Desde pequeño había aprendido a considerar a aquella familia como la más *grande* que había en el mundo.

Llamó en el llamador de la puerta. La puerta se *entreabrió* y apareció la cara blanca de Joaquinita.

– Buenas noches ¿está don Onofre?

– Sí, señor . . .

– Dile que estoy aquí.

– Pase usted.

Plinio pasó. Junto a él iba Joaquinita con su uniforme negro, su *delantal* blanco y cuello de *encaje* blanco también, tan bella. Joaquinita era, desde hacía pocos años *doncella* de doña Carmen. Era hija de los *caseros* de una *finca* de don Onofre. Doña Carmen la escogió para su servicio personal por su belleza y por su talento natural.

Cuando subían la escalera Plinio preguntó a Joaquinita:

– ¿Sabe ya don Onofre la desgracia?

– Sí, señor.

– ¿Quién se lo ha dicho?

– El señor cura, don Felipe y don Paulino, que lo oyeron en la plaza y vinieron enseguida a decírselo.

---

grande, aquí: importante

entreabrir, abrir un poco solamente

delantal, encaje, ver ilustración en página 37

doncella, criada que se ocupa de los trabajos de la casa y del cuidado de las personas, pero no de la cocina

casero, finca, persona que cuida una casa de campo, en especial cuando no está el dueño y trabaja la *finca* (= propiedad, tierra) partiendo la ganancia con él

Cuando llegaron a la puerta del *gabinete* y Joaquinita iba a anunciar a Plinio, éste le dijo:

– Será mejor que le digas que quiero hablar con él *a solas*. Aquí espero.

– Está bien.

Y Joaquinita entró cerrando la puerta tras sí. Enseguida salió Joaquinita sola.

– Pase usted por aquí – dijo.

Y le llevó hacia una habitación próxima. Era una habitación grande con muebles negros y *tapicerías* de seda amarilla. Había fotografías de familia y la habitación estaba *caldeada*.

Joaquinita le rogó a Plinio que se sentara y volvió a marcharse silenciosamente.

Plinio estuvo unos minutos solo. Se vio en un gran *espejo* con su pelliza, el sable y el cigarro en la boca. Se sintió pequeño e *inadecuado*.

Se abrió la puerta de la sala que daba al interior del piso y entró don Onofre muy triste. Avanzó hacia Plinio, que se puso de pie. Don Onofre avanzó hacia Plinio con sus gestos de mujer. A Plinio aquel hombre grande siempre le había parecido una mujer que se había puesto encima una serie de cosas para aparecer como hombre.

– ¡Qué horror, Manuel, qué horror! – le dijo como saludo mientras le daba la mano. Comprenderás que estoy *aturdido* . . . Esto es . . . es *monstruoso* . . . monstruoso . . . No

---

gabinete, en las casas grandes salón pequeño donde se recibe a las personas muy amigas

a solas, sólo con él

tapicería, espejo, ver ilustración en página 39

caldeada, que no hace frío en ella

inadecuado, vestido de manera no propia del lugar

aturdido, aquí: sin poder pensar a causa de la desgracia

monstruoso, que es contra el orden de la naturaleza

se puede comprender... ¿Qué mal ha hecho esta mujer a nadie?

Mientras hablaba se pasaba por la cara su mano blanquísima, en la que llevaba varias *sortijas*.

Don Onofre se sentó y a su vez miraba a Plinio con su blanca cara entre *dolorida* y *coqueta*.

– Tú dirás, Manuel, en qué puedo ayudarte.

– Venía a ver si usted podía darme algún *indicio* que explicase la muerte de la pobre Antonia.

– Ya te he dicho, Manuel, no sé. Esta mujer, como tú sabes, fue el *ama de cría* de Carmen. Cuando nos casamos la trajo con ella. No tiene familia. Se pasaba el día entero trabajando... Casi no salía de casa... Yo pienso, Manuel, que ha sido lo que podríamos llamar un accidente de carnaval..., algún borracho..., qué sé yo...

– ¿Tenía algún dinero ahorrado?

– Sí, pero no lo llevaba encima, naturalmente.

– ¿Tiene algún *heredero*?

– No.

– ¿Tuvo algún problema importante con los otros sirvientes de la casa?

Don Onofre movió la cabeza, mientras se miraba las *uñas* y dijo:

– No... Antonia era una mujer *intransigente*, pero nun-

---

sortija, ver ilustración en página 37
dolorida, que muestra dolor
coqueta, que hace por ser agradable; es propio sólo de las mujeres
indicio, algo que haga posible saber lo que se busca
ama de cría, mujer que cría a alguien con su leche, no siendo la madre
heredero, al que le corresponde la *herencia*, lo que deja una persona al morir a cada uno de sus familiares o amigos
uña, ver ilustración en página 13
intransigente, que no *transige* (= acepta algo que no le gusta)

ca se metía en lo que no le importaba.

– No sé qué pensar de este asunto. Lo más fácil es creer lo del accidente de carnaval, como usted dice, pero la verdad es que le han dado los golpes con mucha *saña,* don Onofre.

– Hay mucho bruto por ahí – dijo don Onofre.

– Si a usted no le importa me gustaría hacerle algunas preguntas a doña Carmen, para ver si ella, que conocía mejor a Antonia puede darme alguna luz.

– Sí, Manuel. Pero hasta mañana no podrá ser . . . Todavía no le hemos dicho nada . . ., ni sabemos cómo decírselo. Habrá que prepararla poco a poco. Antonia era para ella como una madre. Además ya sabes que mi mujer no está bien de salud.

– Comprendo – dijo Plinio levantándose. Mañana vendré por la tarde después del *entierro.*

Mejor pasado mañana, Manuel. Mañana va a ser un día de muchas emociones para ella.

– Como usted quiera. Pero estas cosas deben hacerse lo más pronto posible.

– Comprendo.

– Hasta pasado mañana, don Onofre.

– Adiós, Manuel.

Y don Onofre extendió hacia Plinio su blanquísima mano.

Plinio encontró en la escalera a Inocente, el padre de Joaquinita. Inocente estaba hablando con otros *gañanes.* Al ver al jefe de la Guardia Municipal de Tomelloso, se

---

saña, rabia
entierro, acción de *enterrar,* poner el cadáver bajo tierra, y acompañamiento hasta el cementerio
gañán, aquí: hombre joven que trabaja la tierra

callaron y se quedaron mirándole. Plinio se detuvo ante ellos sin saber qué decir. Por fin preguntó:

– ¿Por dónde se sale al *corral*?

Inocente, sin decir una sola palabra, abrió una puerta pequeña que había debajo de la escalera.

Plinio se asomó al campo. Un campo *enorme* . . .

– Enciende la luz – le dijo.

Cuando la luz dio en el corral, Plinio fue hacia la puerta que estaba en el otro extremo, mirando a un lado y a otro con mucho *detenimiento*.

– ¿Quiere usted ver alguna cosa? – dijo Inocente.

Plinio no dijo nada y se fue hacia la *cuadra*, después pasó por donde estaban algunos carros vacíos. Cerca de los carros había un viejo *landó*.

– ¿No hay *cochera*?

cochera

landó   Ford

---

corral, en las casas de campo lugar cerrado y sin cubrir donde se tiene a los animales

enorme, muy grande

detenimiento, aquí: despacio y con cuidado

cuadra, lugar donde viven los animales

– Sí, señor. Aquí.

Inocente iba andando delante de Plinio y al llegar a una puerta la abrió, encendió la luz y esperó a que Plinio acabara de mirar. Había dos automóviles. Uno de ellos era un *Ford* un poco más moderno que el de don Lotario.

Examinó ambos coches. Se *inclinó* muy interesado sobre el suelo del Ford. Con la *yema* del dedo tocó dos o tres papelitos color rosa: confetti. Luego vio otro papel un poco más grande, estrecho, de color rojo. Lo cogió y se lo guardó en el bolsillo sin decir ni una sola palabra.

Cuando estuvieron fuera de la cochera Plinio se quedó pensando.

– ¿Quiere usted ver algo más, Manuel? – preguntó Inocente.

– No. Ábreme la puerta. Salgo por aquí.

Cuando Plinio se encontró en la calle, a la luz de una esquina miró el papelito rojo que había encontrado en el auto grande. El papelito decía: «Teatro de *Echegaray.* Grandes bailes de carnaval. 1925. Tarde.» Y un *sello en tinta morada,* de aquel día.

El Jefe de la Guardia Municipal de Tomelloso guardó el papel en el bolsillo y se fue hacia su casa con la idea de llevar a su mujer y a su hija al baile del «Círculo Liberal».

---

cochera, lugar donde se guardan los coches

landó, Ford, ver ilustración en página 28

inclinarse, poner la parte superior del cuerpo más baja y hacia adelante para ver mejor lo que hay en el suelo

yema, ver ilustración en página 13

Echegaray, José de, escritor español (1832-1916) escribió muchas obras de teatro. Fue Premio Nobel en 1904 (con el escritor francés F. Mistral)

sello, ver ilustración en página 30. *tinta,* líquido que se usa para escribir o para *sellar* (poner el sello), *morado* color entre rojo y azul

sello

Preguntas

1. ¿Cómo es la casa de doña Carmen?

2. ¿Qué piensa Plinio de esa casa y de cada uno de sus habitantes?

3. ¿Qué tipo de persona le parece especialmente don Onofre?

4. ¿Quién era y cómo era Antonia según don Onofre?

5. ¿Por qué piensa Plinio que la muerte de Antonia no fue un accidente del carnaval?

6. ¿Qué hizo Plinio después de despedirse de don Onofre? ¿Por qué piensa usted que Plinio obró de esta manera?

7. ¿Qué encontró Plinio en los coches de la casa?

IV.

El baile del «Círculo Liberal» era el más *selecto* de Tomelloso. Plinio no iba con frecuencia, pero en determinadas ocasiones lo hacía *alternando* con los *señoritos,* aunque siempre que lo hacía iba de uniforme.

Aquella noche Plinio fue al Círculo Liberal con su uniforme nuevo. Como era el final del carnaval había mucha gente. Plinio fue con su mujer y con su hija como había pensado.

La gente hablaba, bailaba, se reía. Juanito Cuevas que vivía en Madrid y llevaba toda su vida estudiando, llevó ese año a Tomelloso la novedad del *charlestón* y lo bailó con Florita. Jorgito Casado cantó dos *tangos.*

Mientras la gente bailaba, Plinio y don Lotario se fueron a un saloncito tranquilo para tomarse unas copas con calma y poder hablar con tranquilidad.

Llevaban unos minutos en silencio, pensando cada cual en sus cosas cuando Plinio le preguntó a don Lotario:

– Si usted matase a alguien, ¿se le ocurriría después ir al baile? Don Lotario lo miró sin comprender.

– Explícate – dijo al fin.

– He encontrado una entrada *cortada* para el baile de esta tarde en el «Teatro de Echegaray», que quizás haya sido utilizada por alguno que tiene que ver con el crimen

---

selecto, aquí: el mejor
alternar, aquí: tener conversación *amistosa* (= de amistad)
señorito, aquí: el que no es campesino
charlestón, baile de moda en 1925
tango, baile de la Argentina y canción que lo acompaña
cortada, que le han quitado un trozo al entrar. Ver ilustración en página 30

de hoy . . ., mejor dicho de ayer – dijo mirando su *reloj*.

Don Lotario no dijo nada.

Plinio siguió hablando:

– Quizá fue al baile después del crimen . . . para no pensar . . ., para . . . qué sé yo. Creo que el *asesino* tenía muy bien pensado dónde ir después del crimen . . . El baile empezaba más o menos a la misma hora en que se debió *cometer* el *asesinato*.

– ¿Dónde encontraste la entrada, si se puede saber?

– En un coche de la casa de don Onofre. Pienso que allí debió quitarse la ropa nuestro hombre o mujer después del crimen.

– La verdad, Manuel, que no sé a qué puede ir un asesino a un baile de máscaras después de cometer el crimen.

Así estaban hablando los dos amigos cuando entró en el salón un grupo de máscaras cubiertas con *colchas* de *seda*. Se acercaron a Plinio y a don Lotario:

– ¡Ay, Manuel, Manuel . . . que no me conoces . . .! ¡Lotario . . ., Lotario . . . ay que no me conoces! . . . ¡Lotario, Lotario, qué *torpe* eres!

reloj

seda

---

asesino, el que mata (= asesina) a una persona, *asesinato* el hecho de matar a una persona

cometer, hacer

colcha, ver ilustración en página 67

seda, tela fina.

torpe, poco inteligente, poco listo

– ¿Queréis una copa?

– Manuel... Manuel... como no descubras al asesino de Antonia antes de que pase una semana, te echo del *Cuerpo* . . .

– ¡Ay Manuel . . . Manuel . . . que no me conoces!

– ¡Ay Lotario . . . Lotario . . . Lotario . . .!

Las máscaras pidieron unas copas en el bar y se pusieron a beber subiéndose un poco las caretas. Uno de ellos llevaba un palo muy gordo y largo. Lo dejó junto a una silla al lado de los guantes, que acababa de quitarse para beber más fácilmente. Al verle hacer ésto, Plinio y don Lotario se miraron entre sí, pensando lo mismo.

– Antonia murió a golpes de algo ¿verdad? – preguntó el veterinario.

Plinio dijo que sí y añadió:

– Vamos al teatro.

– ¿Les decimos algo a las mujeres?

– No. Volvemos enseguida – dijo Plinio.

Salieron a la calle y se fueron al Teatro Echegaray. Entraron.

El dueño estaba leyendo un periódico, mientras las *taquilleras* contaban el dinero.

Plinio le preguntó al dueño:

– Oiga usted, ¿se ha olvidado la gente muchas cosas aquí en el baile esta tarde?

El dueño pensó un poco y le preguntó a una de las taquilleras:

– Oye, Ramona ¿ha aparecido algo esta tarde?

– Sí, señor: un sombrero y un guante.

– ¿Nada más?

---

cuerpo, aquí: el de la policía. Grupo formado por todos los policías
taquillera, la que está en la *taquilla* (= lugar en que se venden las entradas)

– Nada más. No ha aparecido nada más – dijo la llamada Ramona.

– ¿Qué es lo que quiere usted encontrar? – preguntó don Isidoro. Plinio dijo:

– No sé . . . qué sé yo . . . algo así como un palo, un bastón, algo como para dar golpes fuertes. ¿Comprende?

Don Isidoro hizo un gesto como de hombre que lo comprende todo.

– Si quiere usted, cuando acabe el baile, podemos hacer un *registro*. Ahora hay tanta gente que no es posible dar un paso.

– Lo malo es si antes lo encuentra alguien y se lo lleva – dijo Plinio, en voz baja.

– Ponga usted una *pareja* en la puerta para que observe si alguno saca algo parecido a lo que usted busca. Creo que he visto a una pareja de guardias a la entrada – dijo don Isidoro.

– Bueno . . . luego vendré para que hagamos ese registro.

– Mejor será que venga usted por la mañana, porque esto acabará muy tarde – dijo don Isidoro.

– De acuerdo. Dígaselo usted a las mujeres de la *limpieza*.

– De acuerdo – dijo don Isidoro.

Cuando salieron Plinio le dijo a la pareja de guardias:

– Si veis alguna máscara que sale del baile con un palo, con un bastón o con algo con lo que se puede golpear fuerte, no lo dejéis marchar hasta *comprobar* que lo trajo él

---

registro, acción de registrar, mirar con cuidado
pareja, dos; los policías van de dos en dos cuando están de servicio
limpieza, hacer lo necesario para que algo esté limpio
comprobar, demostrar; aquí: hacer lo necesario para estar seguro de

34

y que no lo encontró en el baile, ¿habéis entendido?

– Sí, jefe.

Uno de los guardias preguntó:

– ¿Y si dicen que lo encontraron en el baile?

– Os lo lleváis al Ayuntamiento y me llamáis.

– De acuerdo, jefe.

– Adiós.

Don Lotario y Plinio volvieron al «Círculo Liberal» y estuvieron allí hasta que acabó el baile.

Preguntas

1. ¿Qué cosas nuevas habían llevado a Tomelloso los de Madrid?

2. ¿Puede usted hablar de estas 'cosas nuevas' de 1925?

3. ¿Cómo se explica Plinio los planes del asesino?

4. ¿Qué le dicen las máscaras a Manuel?

5. ¿Qué pensaron Plinio y don Lotario cuando vieron el palo de la máscara?

6. ¿En qué se basan para pensar lo que pensaron?

7. ¿Qué hicieron Plinio y don Lotario en el Teatro Echegaray?

V.

Plinio esperó al martes para ir a visitar a doña Carmen. Pero el mismo lunes toda la gente hablaba y hablaba de la pobre Antonia. A Plinio esto le molestaba, aunque todos considerasen que el criminal había sido «el carnaval». «El carnaval» a quien difícilmente podía meterse en la cárcel.

Mucha gente, sin embargo, esperaban que, como siempre, Plinio encontrase al asesino, aunque fuera necesario volver a vestir a todo el pueblo de máscara y poner las cosas y las personas en el mismo lugar en que estaban la tarde del último domingo.

A Plinio le gustaba que la gente confiase en él, pero al mismo tiempo le molestaba que la gente hablase. Le gustaba a Plinio que los crímenes se olvidasen pronto, porque así él trabajaba mejor.

El martes, a media tarde, Plinio llamó de nuevo en la puerta de la casa de doña Carmen. Le abrieron enseguida la puerta. Era Joaquinita, con sus pasos silenciosos y sus *ademanes* suaves. Le llevó hasta el comedor, donde *merendaba* don Onofre.

– Pasa, Manuel, pasa.

Don Onofre con suaves ademanes mojaba *bizcochos* en una gran copa de jerez.

– Joaquinita, trae otra copa de jerez a Manuel.

A Plinio le dio pena de que no le trajesen también bizcochos, pues él pensaba que la mejor *merienda* que podía hacerse era mojar bizcochos de *limón* en jerez, merienda

---

ademán, gesto
merendar, comer la *merienda,* comida pequeña que se hace por la tarde

delantal · doncella · encaje · bandeja · sortija · limón · bizcocho

que él jamás pudo permitirse.

Joaquinita le puso delante una copa más pequeña que la de don Onofre y se la llenó de jerez. Cuando Plinio pensaba que tenía que tomar el jerez solo, Joaquinita volvió con una *bandejita* de plata en la que había seis u ocho bizcochos. Plinio miró a Joaquinita que le sonrió.

– ¿Has *averiguado* alguna cosa ya, Manuel? – dijo don

---

averiguar, aquí: buscar hasta llegar a algo concreto

Onofre, mirando a Plinio, mientras con un gesto grave sostenía el bizcocho entre los dedos.

– No, señor . . . y no lo veo fácil.

La verdad es que Plinio, con el bizcocho mojado en jerez en la boca, en aquel comedor elegante y rico y ante aquel señor tan importante, no se sentía capaz de averiguar nada.

Hablaron del tiempo, del vino, de las últimas *disposiciones* de *Primo de Rivera*.

El padre y el abuelo de doña Carmen habían sido *diputados* y luego *senadores del reino*. Don Onofre pertenecía a una familia menos distinguida, nuevos ricos de la guerra *del 14*, pero ahora a don Onofre parecía interesarle la política.

Se decía que quería aprovechar la influencia de la familia de su mujer para entrar en la política. Pero, mirándolo, a Plinio le parecía que don Onofre no servía para la política.

Cuando estaban hablando los dos hombres, entró Joaquinita y dijo que unos señores de Ciudad Real querían verle.

Don Onofre se quedó pensando un momento y después preguntó:

– ¿Los has pasado a mi despacho?

– Sí, señor.

---

disposiciones, órdenes, lo que el jefe del gobierno dice que hay que hacer

Primo de Rivera, Miguel (1870-1930) militar y político español, jefe de Gobierno de 1925-1929

diputado, persona que representa a un grupo en el Gobierno

senador del reino, persona que forma parte del *Senado,* cuerpo compuesto por personas que tienen parte del poder *legislativo* (= de la ley)

guerra del 14, la de 1914-1918

– Bien. Traéme la *americana* y las *botas,* mientras acompaño a Manuel al gabinete de la señora.

– Vamos, Manuel.

Se pusieron de pie y salieron del comedor deteniéndose enseguida ante la primera puerta. Don Onofre llamó suavemente.

– Adelante – se oyó decir.

Entraron los dos. Junto al balcón estaba sentada doña

americana, botas, ver ilustración en página 67

Carmen. Ante sí tenía la señora una mesa *camilla* cubierta con un *tapete* rojo. Al verlos cerró un libro pequeño en el que leía y lo dejó sobre la camilla. Estaba vestida totalmente de *luto*.

– Aquí está nuestro buen amigo Manuel que desea charlar contigo sobre la muerte de la pobre Antonia.

Doña Carmen le tendió la mano a Plinio suavemente.

– ¿Qué tal, Manuel?

– Bien, doña Carmen.

– ¿Y tu mujer y tu hija?

– Muy bien, señora, muchas gracias.

– Siéntate, Manuel, siéntate.

Plinio se sentó.

– ¿No le importa que fume, señora? – dijo Plinio.

– No, no, Manuel. Me gusta mucho el olor del tabaco.

– Os dejo hablar, solos, que tengo visita.

Don Onofre sacó su enorme cuerpo por la puerta.

Plinio y doña Carmen quedaron solos, sin saber por dónde empezar. A la luz de la tarde doña Carmen estaba muy bella con el pelo tan rubio y sus ojos tan grandes y tan azules que miraban a Plinio con dulzura y con tristeza. Sobre el negro del vestido sus manos y la cara tan blancas *deslumbraban* a Plinio que desde que era joven estaba enamorado de doña Carmen. Enamorado sin esperanzas.

– Siento mucho molestarla, señora, pero es necesario ver la forma de encontrar alguna luz . . ., algo . . . sobre el accidente ocurrido a su ama . . . ¿Qué piensa usted de ello?

---

tapete, camilla, ver ilustración en página 39

luto, aquí: de negro. *Luto,* ropas de color negro que en España se ponen cuando se muere un familiar

deslumbrar, aquí: fig. quitar la vista por la mucha luz

Doña Carmen miraba a un punto por encima de los hombros de Plinio. Por un momento pareció que iba a llorar. Por fin dijo:

– No sé, Manuel, no entiendo nada . . . Desde hace algún tiempo, noto que algo pasa a mi alrededor, algo raro, algo que no sé explicar . . ., como si la *atmósfera* de esta casa y del pueblo mismo se me fuera haciendo *irrespirable* . . . es algo . . . y no sé qué.

Doña Carmen se quedó callada. Inclinó la cabeza hacia el tapete rojo de la mesa camilla. Suavemente se pasó el pañuelo por los ojos.

– ¿Quién cree usted que podría tener interés en la muerte de Antonia?

– Nadie, Manuel, nadie.

– Usted la conocía muy bien. ¿Le habló alguna vez de *hostilidad* hacia alguien?

– Ella era una mujer muy *reservada,* pero apenas tenía otros intereses que no fueran los de esta casa, los míos . . . apenas tenía otro mundo que el de esta casa.

– Cuando salió a buscar la leche ¿le dijo algo especial?

– No. Como siempre, me preguntó si quería alguna cosa. Ella iba y venía a la vaquería en cinco minutos. Era su segunda salida fija del día. La primera al mercado, antes de que nos levantáramos los demás.

– ¿Qué otras personas había en la casa a esa hora?

– Onofre, Joaquinita. El *mayordomo* lleva más de un mes en la cama.

– ¿Aquí?

---

atmósfera, el aire que rodea a la tierra. Aquí: fig.
irrespirable, que no se puede respirar
hostilidad, enemistad
reservada, que habla poco
mayordomo, el criado principal de una casa grande

– No, en su casa. Al final de la calle de México.

– ¿Vio usted a . . ., usted perdone, doña Carmen, a su marido, mientras Antonia estuvo fuera?

– Sí. Estuvo sentado aquí conmigo. Viendo las máscaras.

– ¿Y Joaquinita?

– No sé si entraría en algún momento, pero estuvo en casa toda la tarde. Mejor dicho, durante todo el carnaval. No quiso dejarme sola. Me *distrae* mucho hablar con ella.

– ¿Le importa a usted que la llamemos?

– No, por Dios . . .

Y doña Carmen tocó una *campanilla* de plata que había sobre la mesa. Enseguida llegó Joaquinita.

– Joaquinita, guapa, Manuel quiere hacerte unas preguntas.

Joaquinita no respondió. Quedó parada en el centro de la habitación con las manos cruzadas dobre el delantal blanco, mirando a Plinio como diciéndole: «Pregunte lo que quiera».

– Vamos a ver Joaquinita, ¿dónde estuviste el domingo por la tarde?

– Aquí – contestó.

– ¿En qué parte de la casa?

– Por toda la casa. A ratos con Antonia. A veces en mi cuarto. Con la señora. Serví la merienda al señor.

– ¿Recuerdas exactamente dónde estabas de seis y media a ocho de la tarde?

– No muy bien . . . era la hora de la merienda. Andaría de un lado para otro.

– *Procura* recordar.

---

distrae, de *distraer.* Aquí: hace olvidar los pensamientos tristes
campanilla, ver ilustración en página 39
procurar, hacer lo posible por

– Sí . . ., ahora recuerdo que pasé a encender la luz a la señora.

– Perdone, doña Carmen, pero, ¿usted sabía exactamente qué hora era cuando Joaquinita entró a encender la luz?

– Manuel, exactamente no . . ., pero sí hacia esa hora en que anochece.

– Si Joaquinita hubiera salido una hora o dos, ¿usted lo hubiera notado, doña Carmen?

– Sí, porque me lo habría dicho, o habría venido a decírmelo Antonia.

– Está bien Joaquinita, no tengo nada más que preguntarte.

– ¿Quiere usted algo, señora?

– No, hija.

Joaquinita se marchó.

– No sabes cómo me quiere esta chica. Fue Onofre quien me la trajo. Todo lo aprende enseguida . . . Y, volviendo a lo del crimen, Manuel, yo creo que fue alguna de esas personas que beben en el carnaval, un borracho . . . Hay quien necesita matar como hay quien necesita beber.

Plinio no dijo nada. Se quedó mirando al suelo. Después le dijo, con voz muy *confidencial*:

– Doña Carmen, antes me dijo que notaba desde hacía algún tiempo algo raro *en torno a* usted. ¿Le importaría decirme algo más concreto?

Doña Carmen sonrió tristemente.

– Son *aprensiones*, Manuel, aprensiones. A veces lo

---

confidencial, que se hace en *confianza* (de confiar)
en torno a, alrededor de
aprensión, idea que no tiene un motivo para ser tenida

comprendo con claridad. Don Gonzalo, mi médico, tiene razón . . . A veces son los *nervios*. ¡He sufrido tanto . . .! Hay días en que todo lo veo normal. Otros . . . deseo solamente morir. Me va desapareciendo lo que más quise en el mundo. Y cuando no se tienen hijos las viejas historias pesan toda la vida.

Se quedó pensando . . . lloraba en silencio. Luego miró a Plinio y dijo con voz confidencial:

– Cuando entraste, Manuel, me hiciste pensar en otros tiempos. Hacía mucho tiempo que no te veía de cerca . . . Me recordaste una tarde de hace más de quince años . . . Era una fiesta de la Cruz Roja. Te pusieron de servicio en mi mesa . . . Con el *pretexto* de hablar contigo se acercó cierta persona ¿te acuerdas? Hablaba contigo y no dejaba de mirarme. Iba vestido de blanco, con su barbita tan negra. Tú te diste cuenta Manuel, y sonreíste *bondadosamente* ¡Cuánto te lo agradecí! Más de media hora duró aquello ¡Había tanto sol! Unos quince días después nos *hicimos novios* y tú cuando nos veías juntos nos saludabas sonriendo. ¡Qué feliz fui, Manuel, aquel año! Y luego ¿qué pasó? . . . Murió en unas horas, Manuel, en unas horas . . . ¡Qué triste fue todo desde entonces! Pero no sabes lo bueno, Manuel: tengo una fotografía de aquel día . . . La hizo Antonio Torres, por encargo de *Pepe* . . . y se me ve sonriendo y mirándole . . ., y a él . . . y a ti también Manuel . . . Luego te la he de enseñar, Manuel. Por eso siempre me recuerdas aquel día tan feliz, y otros . . ., y otros

---

nervios, ver ilustración en página 13
pretexto, motivo o causa que se usa para hacer otra cosa
bondadosamente, con *bondad* (= cualidad de bueno)
hacerse novios, tener relación dos personas para casarse
Pepe, en España, nombre familiar por José

. . . Y otro día cuando fuimos a los toros . . . Aquel día Pepe estaba . . . y tú también. Y me daba *caramelos* y a ti también. ¿Recuerdas, Manuel? . . . Y luego, en unas horas – en unas horas Manuel . . .

Inclinó la cabeza sobre la mesa y comenzó a llorar con energía y *amargura.*

De pronto se abrió la puerta y se encendió la luz. Era don Onofre. Al ver a su mujer llorando puso cara de *resignación* mirando a Plinio.

– Que ya es de noche . . .

Doña Carmen levantó la cabeza y comenzó a secarse las lágrimas. Plinio no sabía qué decir y se puso de pie.

– Bien, señores, me marcho.

– No dejes de venir más veces, Manuel.

– Sí, señora . . . Hasta otro día, entonces.

Plinio salió, seguido por don Onofre que le acompañó hasta la puerta de la calle.

– La pobre – dijo don Onofre –, sus nervios . . . No es feliz. La falta de hijos . . . Siempre pensando en su juventud.

Plinio decía que sí con la cabeza sin decir una sola palabra.

– No sé – dijo don Onofre – cómo va a acabar esto . . . Recordar . . . recordar . . .

Y lo decía con la mayor amargura.

– En fin, que sea lo que Dios quiera . . . ¿Te ha dado alguna luz sobre lo que buscas, Manuel?

Manuel dijo que no con la cabeza.

---

caramelos, ver ilustración en página 39
amargura, aquí: mucha pena
resignación, aquí: estar conforme con la situación porque no se puede hacer otra cosa

– Una cosa, don Onofre – dijo Plinio – ¿Joaquinita salió de casa el domingo por la tarde?

– No. Nos lo habría dicho.

– Entre las seis y media y las ocho de la tarde, ¿usted recuerda haberla visto?

– No exactamente ... Es un ángel Joaquinita, Manuel ...

– Ya lo sé. Pero conviene saberlo todo para dejar lo que no sirva y quedarse tranquilo.

– Comprendo ... Tú vales mucho, Manuel.

– ¿Se *llevaban bien* Antonia y Joaquinita?

– Sí ... Antonia se pasaba días enteros sin hablar.

– ¿Y el mayordomo y Antonia?

– ¿Que si se llevaban bien? Sí, desde luego ... No es por interés, Manuel, pero dentro de la casa no busques ninguna *anormalidad.*

– Lo sé, lo sé ..., pero ...

– Sí ...

Plinio salió llevando en sus oidos el llanto de doña Carmen.

---

llevarse bien, tener buenas relaciones
anormalidad, algo que no es como debe ser, no *normal* (= que es como debe ser)

Preguntas

1. ¿De qué hablan Plinio y don Onofre?

2. ¿Por qué cree Plinio que don Onofre no sirve para la política?

3. ¿Cómo ve usted a doña Carmen?

4. ¿Qué piensa Plinio de doña Carmen? ¿Por qué piensa así?

5. ¿Qué piensa usted de Joaquinita? ¿Y Plinio? ¿Y doña Carmen? ¿Y don Onofre?

6. ¿Qué le recuerda a doña Carmen la visita de Plinio?

7. ¿Por qué ha sufrido doña Carmen? ¿Por qué sufre? ¿Cómo piensa usted que es la vida de doña Carmen en Tomelloso? ¿Tenía doña Carmen otra alternativa?

VI.

Hacía frío en la calle. Pero Plinio seguía llevando en sus oidos el llanto de doña Carmen. En sus ojos la blancura de sus manos. Seguía deslumbrado por su pelo rubio, por la dulzura de sus ojos azules que él siempre admiró desde lejos, desde muy lejos . . . Se subió el cuello da la pelliza y se fue al Ayuntamiento. Buscó a Maleza.

– Vete y entérate si el mayordomo de doña Carmen estuvo enfermo en su casa el domingo de Piñata.

– Sí jefe . . ., pero hace un frío . . . ¡Qué *oficio* éste . . .! Y salió a la calle.

Los guardias del Teatro Echegaray no encontraron tampoco nada especial en las máscaras que salían del baile el domingo.

El mismo Plinio había ido el lunes muy temprano, había mirado el teatro por todas partes y no logró nada.

Pensando en esto, y en la falta de luz sobre el caso después de la segunda visita a casa de doña Carmen, Plinio, muerto de frío se fue a su casa a cenar. «De buena gana, me iba a la cama» se dijo. Pero la costumbre de salir al Casino después de cenar era superior a sus fuerzas. Además sabía que le esperaba allí don Lotario.

Ya en el Casino los dos amigos se sentaron en una mesa *solitaria* que había en un extremo del salón grande. Todavía si se miraba bien, entre los espejos o en los muebles podía encontrarse algún confetti.

– ¿Qué tal la visita, Manuel? – preguntó al fin don Lo-

---

oficio, el trabajo que uno hace y que le permite vivir de él
solitaria, que está sola, lejos de otras mesas

tario. Plinio no dijo nada. Movió la cabeza con aire *pesimista.*

– ¿No ves luz?

– No ... Si ha sido un accidente de carnaval, como creen todos, porque es lo más fácil de creer, no se averiguará nunca. Y si ha sido un crimen *meditado,* se sabrá quien ha sido el criminal, pero tarde ... En estas familias de los pueblos ..., y de todos los sitios, los amores ... los *odios* ... todo tarda mucho en salir. Para saber muchas cosas hacen falta años y años ...

– Tú, Manuel, – dijo don Lotario – ¿no crees en el accidente de carnaval?

– No.

– ¿Por qué?

– Pienso en el informe del médico *forense.* La muerte de Antonia fue causada por cinco o seis golpes, calcula el médico, dados con algo como un bastón fino ... No se trata de un golpe de mala suerte. Fue una cosa muy pensada ...

– Ya.

– Fíjese usted, además, que el crimen ocurre en el único sitio donde nunca hay gente, ni en un domingo de carnaval ... Y ¡qué *casualidad!*, Antonia sale cinco minutos de casa, todos los días a la misma hora, para comprar la leche y es entonces cuando muere ... ¿No le parece a usted que todo fue muy estudiado?

---

pesimista, aquí: triste, sin esperanza
meditar, pensar, aquí «muy pensado»
odio, sentimiento enemigo hacia una persona cuyo mal se desea
forense, el médico oficial de un *Juzgado* (= lugar en el que se hace la administración de la justicia)
casualidad, hecho que sucede sin que nadie tome parte en él

– Desde luego . . . sí . . ., pero nunca se sabe.

– Sí, se sabe. Hemos visto muchos carnavales en nuestra vida.

Si ha habido algún muerto ha sido por riña entre gente que había bebido; jamás hemos conocido un muerto por accidente. Si algún año le han dado de palos a alguien siempre hemos averiguado por qué había sido. La mayor parte de los accidentes de carnaval son por causa de los *celos*.

– ¿Qué quieres decir con eso?

– Nada, ¿quién iba a tener celos de la pobre Antonia?

Plinio se calló y siguió fumando en silencio. Luego dijo:

– Cuando uno trata con gente mala o con criminales, puede *presionar* si es necesario, pero en la casa de doña Carmen me tengo que limitar a preguntas casi de *cortesía*. Tiene uno el deber, además de creerse lo que le dicen . . . No puedes hacer las preguntas que quisieras hacer . . . Don Onofre aunque es tan suavecito se molesta enseguida . . .

– Entonces, tú, Manuel, crees que entre Onofre, Carmen y Joaquinita está la cosa.

– No quiero decir eso exactamente. Lo que digo es que si yo tuviese libertad para preguntar a mi gusto sobre muchas cosas de la casa sabría algo más de Antonia . . . Algo más de lo que sé. Según dicen todos, Antonia era una mujer que estaba siempre trabajando. Que salía de casa dos veces al día: al mercado y a buscar la leche. Que no tiene familia. Que no tiene amigos. Que se pasa

---

celos, miedo a que una persona amada cambie su amor hacia otra
presionar, hacer fuerza para obligar
cortesía, aquí: buena educación

días enteros sin hablar nada, porque era así. Que su única relación un poco *cordial* era con doña Carmen . . . Toda su vida fue eso . . . Y con eso me tengo que *conformar*. Pero una vida es mucho más que eso . . .

– Puede haber algo, como tú dices, y que ellos no lo sepan.

– De acuerdo. Pero tienen que saber cosas más o menos importantes que le hayan pasado a Antonia . . . sus relaciones con otras personas de la familia . . . con los otros criados. Piense usted que Antonia era como la madre de doña Carmen. No olvide usted, esto lo sabe todo el mundo y yo lo he visto esta tarde, que doña Carmen sufre de un *desequilibrio* nervioso . . ., que sigue pensando en su novio muerto, Pepe Germán . . . Esto naturalmente tiene que ser poco agradable para alguien . . .

– Pero ¿qué tiene que ver Antonia en todo eso?

– ¡Ah, qué sé yo . . .!

Plinio volvió a quedarse pensativo.

– Entonces, ¿cuál es tu plan, Manuel?

– Dar la impresión de que se le *da carpetazo* al asunto y observar qué pasa en esa casa de ahora en adelante. Y esperar. No veo otro camino.

En la puerta del salón apareció el cabo Maleza con el cuello de la pelliza subido casi hasta los ojos. Buscó con la mirada a su jefe. Lo vio junto al veterinario y se fue hacia él.

– Buenas noches.

---

cordial, de corazón, amistosa
conformar, estar conforme
desequilibrio, aquí: falta de calma espiritual
dar carpetazo, frase con la que se indica que un asunto se considera concluido

– ¿Qué hay?

– ¿Se paga un cafetito, jefe?

– Siéntate. ¿Qué pasa del mayordomo?

– Está en la cama desde hace no sé cuántos días.

– ¿Qué dice de la muerte de Antonia?

– Casi nada. Que era una mujer de muy mal genio y que algún día le tenían que dar. Pero yo creo que ése sabe más de lo que parece.

– ¿De qué sabe más?

– De lo que ha pasado en esa familia.

– Claro, lleva cuarenta años en la casa .,. .

– Yo creo que ahí, desde que se casó don Onofre hay dos *bandos* ¿sabe usted?

– Sí, uno el de doña Carmen y Antonia . . . – dijo Plinio.

– El otro el de don Onofre y Pedro.

Plinio le preguntó a Maleza:

– Y a Joaquinita ¿dónde la pones?

– Pedro dice que es una muchacha muy *lista*. No ha dicho más.

– ¿No ha dicho más?

– No mucho, pero lo que yo he sacado en claro es que Antonia *se llevaba a matar* con todos los criados y caseros de don Onofre y que defendía a los de la finca de doña Carmen.

– Por ahí debe estar la cosa . . ., Manuel – dijo don Lotario.

Maleza se bebió el café sin quitarse la pelliza.

Plinio dijo de pronto:

---

bando, grupo
lista, aquí: que sabe lo que quiere y lo hace
llevarse a matar, tener entre sí relaciones enemigas

– Oye, Maleza, ¿sabes lo que vais a hacer tú y Jaro?

– Usted dirá.

Vais a hacer una *lista* de todos los criados de don Onofre y de doña Carmen. De todos los que han estado en la
casa. Después veremos cómo hablamos con ellos. Usted
don Lotario, puede ayudarnos también.

– Claro, Manuel.

– Está bien – dijo Maleza.

Acabaron de beber cada uno su café y se despidieron.

Preguntas

1. ¿Cuál es el estado de ánimo de Plinio cuando sale de
   casa de doña Carmen el martes que sigue al asesinato
   de Antonia?

2. Cuando Plinio y don Lotario hablan en el Casino
   ¿cuál es la impresión de Plinio sobre la muerte de Antonia?

3. ¿Cuáles son las razones de Plinio? ¿Qué piensa usted?

4. ¿Por qué este caso le parece a Plinio especialmente
   difícil?

5. ¿Qué piensa Maleza de la situación de la casa de doña
   Carmen?

6. ¿Qué relación tenía Antonia con los demás criados,
   según Maleza?

7. ¿Quién piensa usted que ha podido tener interés en la
   muerte de Antonia?

---

lista, aquí: hoja de papel en la que están escritos todos los nombres

Una muerte natural
VII.

Cuando se cumplió un año de la muerte de Antonia en el callejón de la Vaquería, Plinio pudo por fin reconstruir los hechos que habían sucedido aquel año.

El día 15 de abril de aquel año . . . nevó. «Esto no ha ocurrido nunca, no lo recuerdan ni los más viejos», decía la gente de Tomelloso.

Y aquella tarde – esto lo supo todo el pueblo al día siguiente –, en la calle de la Luz, ocurrieron poco más o menos las cosas del siguiente modo:

Cuando Joaquinita entró a las diez de la mañana a llevarle el desayuno a doña Carmen, se la encontró con la frente apoyada en los cristales del balcón.

– Señorita, el desayuno.

– Hoy es día quince, Joaquinita.

– Sí, señorita.

– Hoy hace quince años . . . Pero fue un día hermoso. Tristemente hermoso. No lo olvidaré nunca.

– ¿De qué, señorita?

– Mi padres no me dejaron ir. Estuve todo el día en mi cuarto oyendo las *campanas,* llorando. Jamás hubo en el mundo mujer más triste . . . A las seis en punto de la tarde pasó el entierro por la plaza. Quise asomarme a las ventanas. La pobre Antonia estaba conmigo y me sujetaba . . . Temía que me *desmayase.* Sus amigos llevaban la *caja* sobre los hombros. El coche iba lleno de *coronas* de flores con *cintas* en las que había escrito: «sus amigos no lo olvidan . . .» El entierro estuvo parado un momento en la

---

campana, ver ilustración en página 6
desmayarse, perder el sentido

caja
corona
cinta

puerta del Ayuntamiento. Toda la plaza estaba llena de gente. Había muerto Pepe Germán, el señorito más simpático y más guapo del pueblo . . . Desde la ventana veía la caja. Sonaba la música . . . la más triste que he oido en mi vida . . . Algunos se volvían a mirar hacia esta casa . . . La caja se movía sobre los hombros de sus amigos . . . La gente que iba alrededor del coche de las coronas, fue desapareciendo poco a poco de la calle del Campo . . . Antonia me tuvo que llevar a la cama casi desmayada. Doña Carmen dejó de mirar por el cristal del balcón y se volvió hacia Joaquinita, que la escuchó *impasible.* Le dijo:

---

impasible, que no muestra ninguna emoción

– Joaquinita, esta tarde tienes que ayudarme.

– Sí, señorita.

– A las cinco, cuando el señorito haya marchado al Casino, tú misma *enganchas* la *tartana* . . . sin que nadie se entere. Hemos de hacer un viaje corto.

– Sí, señorita.

Hacia las cinco y media de la tarde, por los solitarios paseos del cementerio, cubierta de nieve avanzaba la tartana de doña Carmen. Doña Carmen iba en un rincón de la tartana. Entre las manos *enguantadas* llevaba un pequeño ramo de flores. No hablaba. Joaquinita miraba el camino blanco. Doña Carmen abrazada a las flores decía de vez en cuando algunas palabras que no se podían oir.

Dejaron la tartana a la puerta del cementerio y la señora con paso muy rápido cruzó el paseo del centro, llegando a una gran *sepultura* de *mármol* blanco. Tras la puertecita de cristal de la *hornacina* había un *crucifijo* blanco, dos *velas* apagadas, unas flores y un *retrato* casi sin color de Pepe Germán.

Doña Carmen *se puso de rodillas,* colocó las flores sobre el mármol y puso la cabeza entre las manos.

Joaquinita envuelta en el negro mantón la miraba desde unos pasos de distancia con las manos cruzadas y con su bella cara *inexpresiva.*

Joaquinita no oía bien lo que decía su señorita. Hablaba y hablaba. De vez en cuando besaba el mármol.

Llegó un momento en que Joaquinita se vio con el

---

enganchar, aquí, poner el caballo en forma que pueda llevarla
enguantada, dentro de los guantes
mármol, piedra blanca o de otro color que trabajada tiene mucho brillo (de brillar)
se puso de rodillas, puso, de poner, poner las rodillas en el suelo
inexpresiva, que no muestra ningún sentimiento

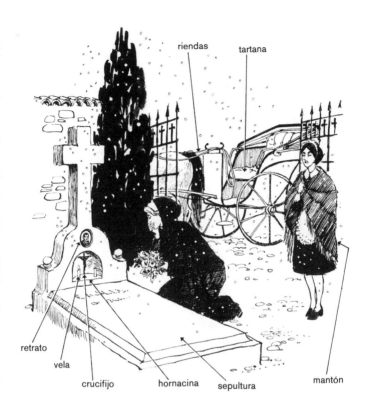

riendas   tartana

retrato
vela
crucifijo   hornacina   sepultura   mantón

mantón cubierto de nieve. Comenzaba a anochecer. Su señorita parecía haber callado. Con la cara entre las manos ya no estaba de rodillas, sino sentada en el suelo y apoyada en la tumba.

Joaquinita vio que por el paseo del centro se acercaban algunas personas de luto detrás de cuatro hombres que llevaban un *ataúd*. La chica avisó a su señora. Ésta parecía dormida. La llamó:

---

ataúd, caja de muerto

57

– Señorita, señorita, que viene gente . . . Vamos.

Doña Carmen nada hizo por moverse.

– ¡Señorita . . .!

Y la tomó por debajo de los brazos y tiró de ella.

– Déjame, déjame . . . déjame morir aquí, Joaquinita – dijo doña Carmen volviéndose hacia el mámol.

Algunos de los del entierro se habían detenido al ver aquello. Durante unos momentos miraron sin saber qué hacer. Veían que Joaquinita no podía levantar a aquella mujer.

– ¿Qué pasa? – dijo uno.

Joaquinita les hizo una seña para que se acercaran.

– ¡Si es doña Carmen . . .! – dijo alguien.

– Hagan el favor de ayudarme a llevar a la señora.

Sin decir nada más dos de ellos ayudaron a Joaquinita a poner a doña Carmen de pie. Andaba como borracha. Entre Joaquinita y uno de ellos, tomándola en los brazos la llevaron hasta la puerta del cementerio. Los demás siguieron con el entierro.

Ya en la puerta subieron en la tartana. Joaquinita tomó las *riendas*. La señora se apoyó en Joaquinita.

Aquella noche todo Tomelloso conocía el suceso . . . Doña Carmen estaba muy grave. En el cementerio había cogido, según el médico de la casa, una *pulmonía*.

Las gentes hablaban de los amores de doña Carmen con Pepe Germán y comentaban el caso cada cual a su manera.

A los ocho días de la escena del cementerio el médico de doña Carmen llegó a las diez de la noche al «Casino de

---

rienda, ver ilustración en página 57
pulmonía, enfermedad de los *pulmones,* ver ilustración en página 13

San Fernando». Don Gonzalo parecía contento. Pidió café.

– ¿Qué tal está la enferma? – le preguntó don Lotario.

– Yo creo que bien. Si Dios no dispone otra cosa mi impresión es que la enfermedad está vencida. Ahora vengo de allí.

Plinio no decía nada. Tenía muchas cosas que preguntarle a don Gonzalo. Era la primera noche desde la enfermedad de doña Carmen que el médico iba al Casino.

– ¿Qué dice don Onofre? – preguntó don Lotario.

– Nada. Ya sabéis cómo es. No he visto hombre igual.

– Pues la cosa es *gorda*.

– Y tan gorda. Como para que lo trague a uno la tierra.

– Él pensaba que su mujer estaba un poco mal de los nervios . . . – dijo Plinio –. Me lo dijo a mí.

– Pero no hasta ese extremo – dijo don Gonzalo.

– Tal vez la falta de hijos . . . – dijo Plinio.

– Desde luego. Lo que nunca he podido explicarme, se lo he dicho a Manuel – dijo el veterinario –, es cómo se casó con Onofre.

– Fue una boda *impuesta* por el padre de Carmen. Sintió que estaba enfermo, que Carmen quedaba sola y *obsesionada* por la muerte de Pepe. ¿Qué iba a ser de aquella chica? Yo, de una manera indirecta intervine en aquella boda – dijo don Gonzalo con pena –. Onofre la quería . . . o su dinero, es igual. Onofre tiene sus cosas pero es buena persona. El padre pensaba, y con razón, que así que se casaran y tuvieran hijos, todos los amores y romanticismos se acabarían. Los hijos hacen olvidar todas las cosas .

---

gorda, aquí grave, de mucha importancia. Fam.
impuesta, aquí: boda hecha por la fuerza, no por libre voluntad
obsesionada, ocupada por un solo pensamiento

. . Yo hubiera hecho igual con una hija mía. ¿No te parece, Manuel? Manuel *asintió* con la cabeza.

– Pero no tuvieron hijos – siguió don Gonzalo –. Ella volvió a sus *quimeras*. La muerte de su padre y luego la desaparición de Antonia *agudizaron* la cosa.

– ¿Y cómo la acompañó Joaquinita al cementerio y no le dijo nada de tan absurdo propósito a don Onofre? – preguntó Plinio.

– No lo sé. Desde luego la chica hace todo lo que la señora quiere. Se la ganó enseguida. Ya sabes como es Carmen . . . Toda corazón.

– ¿Le dijo algo Onofre de la visita de su mujer al cementerio? – preguntó Plinio a don Gonzalo.

– Ni una palabra. Sólo dice cosas generales sobre los nervios de su mujer . . . No me extrañaría nada que *enloquezca* totalmente.

– He visto entrar y salir mucho a una mujer vieja en la casa – dijo Plinio.

– Sí . . ., es una hermana de Pedro, el mayordomo, que la han llamado en lugar de Antonia. A tí, Manuel – dijo don Gonzalo – no se te va de la cabeza la muerte de Antonia.

– No – dijo Plinio.

– Eso tiene que salir algún día – dijo el veterinario.

– O no – dijo Plinio.

A las doce de la noche llamaron a don Gonzalo por teléfono al Casino. Fue a ver quién era el que llamaba a esas horas.

---

asentir, decir que sí
quimera, fantasía, algo sin posible realidad
agudizar, aquí: hacer más grave
enloquezca de *enloquecer,* volverse loco

Al cabo de unos minutos volvió *descompuesto* y tomó la capa de la percha. Sus amigos se quedaron mirándole.

– Ha muerto Carmen – *balbució*.

Y salió muy deprisa.

Plinio se puso blanco. Parecía que iba a desmayarse. Al cabo de un buen rato sacó la *petaca*.

petaca

– Manuel ¿quieres que vayamos por si hacemos falta?

– Ahora no, un poco más tarde.

Hacia las dos, cuando ya iban a cerrar el Casino, los dos amigos se fueron hacia la calle de la Luz. Don Lotario y Plinio entraron y subieron la escalera lentamente. Encontraron a Pedro que estaba llorando.

– Don Onofre está ahí, en el comedor – les dijo.

Entraron. Don Onofre estaba sentado junto a la misma mesa y en la misma silla que aquella tarde que invitó a Plinio a jerez y a bizcochos. Le acompañaban su hermano, don Gonzalo y don Felipe, el cura. Un poco más lejos estaba el padre de Joaquinita.

Le *dieron el pésame*. Don Onofre se inclinó un poco para

---

descompuesto, aquí: sin color en la cara

balbucir, decir algo en voz muy baja y con dificultad

dar el pésame, pésame (= me pesa) decir palabras con las que se expresa al otro la pena que se siente, aquí por la muerte

darles la mano y volvió a su gesto de mirarse las uñas, o pasarse la mano por el pelo. Su cara no mostraba la menor emoción.

Don Onofre salió un momento. Plinio se dirigió a don Gonzalo:

– ¿Qué ha pasado?

Don Gonzalo, sin levantar los ojos del suelo no dijo nada.

– Un *colapso*, un colapso – dijo el hermano de don Onofre. Plinio miró a don Gonzalo.

– No puede ser otra cosa – dijo don Gonzalo como para sí mismo.

– Debió ser a los pocos minutos de haberse marchado don Gonzalo – dijo el hermano, hablando a don Lotario.

Había vuelto don Onofre; como si continuara con las palabras de su hermano dijo:

– Fue terrible – dijo mirándose las manos –. Cuando se fue don Gonzalo y dijo que la enfermedad estaba vencida, todos los de la casa nos pusimos muy contentos. Ya pueden ustedes imaginarse. Después de ocho días de *zozobra* . . . Ella quedó durmiendo. Luego cené con mi hermano y nos quedamos aquí mi hermano, Inocente y yo. Hacia las doce pensé retirarme. Pensaba que esta noche podría por fin dormir tranquilo. Entré en el cuarto de Carmen para ver si seguía durmiendo. Joaquinita se quedaría *velándola*. Me incliné a darle un beso, sin encender la luz . . . y la noté enormemente fría . . . Encendí la luz . . ., llamé a todos. Estaba muerta, muerta de hacía mucho rato . . .

---

colapso, aquí: que la vida se detiene por falta de la fuerza necesaria en los centros nerviosos
zozobra, inquietud
velar, estar sin dormir, aquí: por cuidar a d. Carmen

Volvió el silencio. El médico seguía mirando al suelo. Plinio miraba a las paredes. Vio el retrato del padre de Carmen. Más arriba el abuelo, vestido con el hábito de *Calatrava*. A los lados más retratos de las hermanas y hermanos de doña Carmen. «Esta noche ha muerto el último Calabria – pensaba Plinio –, se acabaron los Calabria en Tomelloso . . . ¡Qué pronto se han acabado los Calabria . . .! Ellos, que durante tantos años fueron los amos en el pueblo . . .»

El entierro fue a última hora de la tarde. Fue todo el pueblo. *Presidió* el *duelo* el mismo don Onofre vestido de luto. Los criados de la casa llevaban el ataúd en hombros. En las ventanas de la casa se vieron las caras llorosas de Joaquinita y de la hermana de Pedro. Todo el pueblo despedía a la última persona de una familia que señoreó el pueblo desde principios del siglo XVIII. Plinio iba junto con el veterinario y don Gonzalo en el duelo.

cruz de calatrava

Calatrava, orden religiosa y militar española fundada en 1158 por San Raimundo para defender de los moros a Calatrava (= población de Ciudad Real)
presidir, ir en primer lugar
duelo, reunión de personas que asisten al entierro

Preguntas

1. ¿Qué le sucedió a doña Carmen el día 15 de abril de 1925?

2. ¿Qué le cuenta doña Carmen a Joaquinita que había sucedido 15 años antes?

3. ¿Qué hiace doña Carmen el día del aniversario de la muerte de Pepe Germán?

4. ¿Qué hace doña Carmen en el cementerio? Comente esta visita.

5. ¿Qué consecuencias tuvo la visita al cementerio?

6. ¿Puede comentar la situación interna y externa de doña Carmen? ¿Puede hacer lo mismo con don Onofre? ¿Qué relación existe entre esta pareja?

7. ¿Qué noticia le dan a don Gonzalo en el Casino? ¿Qué piensa usted de la actitud de don Onofre? ¿Qué piensa usted de esta muerte?

VIII.

Los días iban pasando. La casa de doña Carmen estaba cerrada y las gentes empezaron a hablar de cuándo y con quién se casaría don Onofre.

El verano llegó pronto. Plinio no sabía qué hacer: desde la muerte de Antonia no había sucedido nada especial. Se pasaba el día entero en el Casino o leyendo periódicos. Le acompañaba don Lotario. Don Gonzalo no había vuelto al Casino desde la muerte de doña Carmen. Plinio le había visto una sola vez. Parecía muy triste y sin ganas de hablar con nadie. La verdad era que para un buen médico como él el golpe había sido muy duro – pensaba Plinio.

Plinio tenía muchas ganas de hablar con él, pero esperaba la ocasión. Los asuntos de una casa que venía del siglo XVIII tenían que ir muy despacio.

Los jueves por la noche la Banda Municipal tocaba en la Plaza y Plinio, como todos los socios del Casino se sentaba en la *terraza* a escucharla. Por las aceras de las calles que daban a la plaza paseaban las jóvenes y sus acompañantes. Los curas se sentaban a escuchar la banda a la puerta de la Iglesia, cerca del Casino. Era un estar y no estar en el Casino; era un estar y no estar en la Iglesia.

Una de aquellas noches vio Plinio que la criada de don Gonzalo llegó donde estaban los curas. Don Felipe la escuchó un momento en la Iglesia y se fue hacia la casa de don Gonzalo.

Mucha gente del Casino lo vio y los que estaban cerca

---

terraza, aquí: lugar de un café, al aire libre, donde se ponen mesas y sillas

de Plinio se preguntaron que qué podía pasar en casa de don Gonzalo.

Cuando terminó la música y la gente empezaba a irse, el camarero se acercó a Plinio y le dijo que don Felipe, el cura, le llamaba. Plinio fue hacia la puerta de la iglesia. Al verle llegar don Felipe se adelantó hacia Plinio.

– ¿Me llamaba?

– Haga usted el favor de ir a casa de don Gonzalo, que quiere hablar con usted – le dijo con aire muy misterioso.

– ¿Qué le pasa a don Gonzalo?

– Está bastante mal ... No creo que sea nada grave ... pero él tiene mucho miedo.

– Pero ¿qué pasa?

– Vaya usted. Yo le he *aconsejado* que hable con usted.

Plinio llegó a casa de don Gonzalo. Su mujer le hizo pasar a la habitación donde don Gonzalo estaba en la cama. Su barba tan blanca, parecía de plata y no se distinguía casi de la sábana.

– Siéntate, Manuel – dijo don Gonzalo.

– ¿Qué le pasa, don Gonzalo?

– Siéntate, Plinio, aquí más cerca.

Plinio se sentó. No sabía qué decir. Pensaba que allí no debía fumar ... aunque tenía muchas ganas, pues él escuchaba mejor y pensaba mejor con un cigarro en la mano o en la boca.

Don Gonzalo no hablaba y se cogía la barba con *desesperación* como si no supiera por dónde empezar. Al fin dijo:

– Don Felipe tiene razón . . . Debí hablarte de este asunto hace mucho tiempo . . ., pero . . . en realidad toda-

---

aconsejar, dar un consejo
desesperación, aquí: inquietud de espíritu causada por algo

vía no estoy seguro ... Llevo tres meses pensando y pensando sobre lo mismo ... Me *refiero a* la muerte de doña Carmen Calabria.

Plinio le miró sin decir nada.

Don Gonzalo siguió hablando:

– ¿Tú te acuerdas que os dije en el Casino aquella misma noche que la enfermedad estaba vencida?. Yo sé lo que es una pulmonía, Manuel. He visto miles en mi vida. Y de repente aquella mujer se muere a los pocos minutos de salir yo de allí ... ¿Recuerdas que don Onofre dijo que a las doce el cadáver estaba frío? Dijeron que fue un colapso. Y como colapso firmé yo el *certificado de defunción*. ¡Pero si aquella mujer tenía un corazón fuerte como un toro!

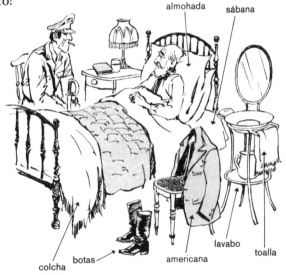

referirse a, decir algo sin nombrarlo directamente
certificado de defunción, papel que firma el médico de que una persona está muerta y en el que se dice la causa (*defunción* = muerte)

– ¿Cómo cree usted que murió?

– *Asfixiada.*

– ¿Asfixiada, cómo?

– Seguramente con la *almohada.*

– Si se viera ahora el cadáver ¿podría averiguarse algo?

– No . . . Como comprenderás he pensado en esta muerte y en la de Antonia . . .

– Ya comprendo . . .

– Esta noche ya no pude más. Pensé que me quedaría tranquilo *confesándome.* Pero don Felipe, con mucha razón, dice que estas son cosas de la Tierra y que hay que arreglarlas en la Tierra. Para él es un secreto . . . para tí también.

– Sí, señor.

– ¿Qué piensas hacer?

– Esperar . . . Desde la muerte de Antonia me parece que en esa casa hay un mal *duende* ¿Quién es? ¿Qué quiere? Ese duende es muy listo. Pero camina muy deprisa a su fin. Hay que esperar.

– ¿Y si . . . esperando ocurre otro . . . accidente?

– Es que no puedo hacer nada.

– Ya comprendo.

– ¿Cree usted que el criminal es don Onofre?

– A mí me parece muy buena persona.

– A mí también ¿pero quién sabe? . . .

---

asfixiada, que le faltó el aire para respirar
almohada, ver ilustración en página 67
confesar, entre los católicos decir los pecados a un cura que tiene poder de perdonarlos
duende, espíritu que la gente cree que vive en las casas y da bromas a la gente. Aquí fig.

– Carmen murió sin hacer *testamento*. Además él *manejaba* todo el dinero. No creo que pensara casarse con otra. Él era feliz a su manera. Además ¿por qué matar a Antonia?

– Quizá porque sabía demasiado – dijo Plinio.

– No lo veo claro, Manuel. No lo veo claro.

– Yo tampoco. Pasemos a otra persona: Joaquinita.

– Joaquinita es una niña.

– Sí, pero una niña muy lista . . . que quizá *aspira* a ser la dueña de la casa.

– No lo creo . . . Estuvo llorando todo el día la muerte de Carmen . . .

– Además . . . no creo que don Onofre se case con una criada . . .

– Depende de cómo sea la criada.

– ¿Y para qué matar entonces a Antonia? – preguntó don Gonzalo.

– Por la misma razón: podría saber muchas cosas.

– Tampoco lo veo claro . . .

– Ni yo tampoco . . . No he podido comprobar si Joaquinita salió de casa el domingo de Piñata. Doña Carmen y don Onofre me dijeron que no ¿qué puedo hacer entonces?

– Nada.

– La vieja entró en la casa después de morir Antonia. En el caso de que la muerte de doña Carmen y la muerte de Antonia sean cosas aparte, ¿qué interés puede haber

---

testamento, declaración (de declarar) que hace una persona de su última voluntad, disponiendo de sus bienes y asuntos para después de su muerte
manejar, aquí: ocuparse de
aspirar, pretender

en matar a doña Carmen? Yo no sé, don Gonzalo. Es posible que la cosa esté entre el amo y la criada . . . o entre los dos.

– En el caso de que Onofre se casara con Joaquinita ¿crees que sabríamos algo?

– No.

– ¿Entonces . . .?

– Yo tengo mis planes que ya le diré en su momento. Usted, como médico puede entrar cuando quiera en esa casa. Usted puede ayudarme en su momento. Además confío en la suerte . . .

– Bien, Manuel, veremos qué se puede hacer.

Con esta conversación don Gonzalo se sintió mejor.

A los pocos días apareció por el Casino. Tanto él como el cura querían ayudar a Plinio. Hablaron con don Lotario y los cuatro hombres hablaban de todas estas cosas.

Pero no pasaba nada y Plinio dijo que sería buena idea si el médico y el cura iban a hacerle una visita a don Onofre.

El cura enseguida encontró el motivo para la visita: pedirle un poco de dinero para arreglar la iglesia. El médico dijo:

– Yo voy esta tarde a hacerle compañía un rato.

Los dos fueron el mismo día: un domingo. El cura por la mañana y el médico por la tarde. Por la noche se reunieron los cuatro en la *sacristía,* porque, naturalmente, don Lotario fue con Plinio. Plinio le dijo al cura que hablase él primero.

Don Felipe dijo:

---

sacristía, lugar de la iglesia en el que se guardan las ropas y los objetos de *culto* (= servicio a Dios)

– He estado allí más de una hora. Onofre está como siempre. Dice que pronto volverá por el Casino. Cuando hablé de Carmen dijo: «Era un ángel» y cambió de conversación. Me dijo que ya había arreglado los asuntos del testamento y que cuando terminara me daría una gran cantidad para la iglesia, como hubiera hecho Carmen. Eso fue todo.

– ¿Vio usted a Joaquinita?

– Sólo un momento. Pedí un vaso de agua. Onofre llamó y vino la vieja . . .

– ¿Y qué más?

– Nada más . . . la casa está como siempre.

– ¿Y usted, don Gonzalo . . .? – dijo Plinio.

Don Gonzalo quedó en silencio mirándolos a todos y riendo dijo:

– ¡La *bomba!* O yo no sé lo que digo o Joaquinita espera un hijo. Todos se quedaron sin palabras.

– ¿Es que se le nota? – dijo el cura.

– ¿Es que no me cree? – dijo don Gonzalo.

– Bueno . . . si usted lo dice . . . Yo no entiendo . . . ¡es natural! – dijo el cura.

– ¿Tú que dices de eso, Manuel? – preguntó don Gonzalo.

– Me extraña que don Onofre haga una tontería así.

– ¡Esa niña lo que quiere es casarse con Onofre . . .! – dijo el cura. Y añadió:

– Manuel ¿no sería buena idea avisar a Onofre . . . de las ideas de esa niña? – dijo el cura.

– No. No es buena idea. Primero porque no podemos demostrar nada: no hay pruebas. Lo segundo es que si las

---

bomba, aquí fig., noticia extraordinaria

cosas han pasado como nosotros pensamos no sabemos hasta qué punto don Onofre sabe o no sabe algo sobre los planes de Joaquinita.

– Don Onofre es un buen hombre – dijo el cura. Yo lo conozco desde hace muchos años. Inteligente no es. Pero bueno sí.

– El aguantar durante quince años a una mujer enferma de los nervios y que además solamente piensa en su novio muerto, puede hacer pensar al más *lerdo* – dijo don Gonzalo. Y siguió:

– Si a ello se añade que tiene al lado una persona como Joaquinita . . .

– Yo lo que quisiera saber es qué podemos hacer para evitar mayores males – dijo el cura con desesperación.

– No habrá mayores males, don Felipe. Sea el culpable uno o los dos ya tienen el camino libre: la *boda* podrá celebrarse. Hay que esperar. El tiempo puede aclarar muchas cosas.

---

lerdo, aquí: tonto, torpe
boda, hecho de casarse (= casamiento)

Preguntas

1. ¿Cómo pasa Plinio el verano de 1925?

2. ¿Cuál es el ambiente de Tomelloso en esa noche de verano?

3. ¿Qué problema tiene don Gonzalo? ¿Cómo piensa resolverlo?

4. ¿En qué situación interior se halla?

5. ¿Qué piensa don Gonzalo de la muerte de doña Carmen?

6. ¿Quién piensa usted que mató a Carmen? ¿Piensa usted, por el contrario, que fue una muerte natural? Razone las dos posibilidades.

7. ¿Quién o quiénes pueden tener interés en la muerte de doña Carmen?

La boda
IX.

Pasaron los meses sin ninguna cosa nueva. Plinio desde que don Felipe había dicho que don Onofre pensaba volver a las reuniones del Círculo Liberal, se había apresurado a hacerse socio en contra de sus costumbres, pues él iba al «San Fernando». De esta manera cuando don Onofre apareció de luto, un día después de comer, en el Círculo ya Plinio era uno de los habituales *contertulios*. Durante dos meses Plinio se dedicó a estudiar a don Onofre mientras estaba de *mirón* a la *partida de tresillo* que don Onofre jugaba cada día con sus amigos.

El día 22 de diciembre, cuando Plinio iba por la plaza al medio día, vio que don Felipe le hacía una seña desde la sacristía.

– Esta noche a las diez, los caso. No hace falta que se lo digas a nadie más . . . ¿Para qué? Mañana nos vemos.

– ¿Está bien? ¿hay otra cosa nueva?

– No.

– ¿Vio usted a Joaquinita?

– Todavía no. Seguramente esta tarde.

– Bueno, entonces, hasta mañana.

– No digas nada a nadie. Mañana a las siete en mi casa.

– De acuerdo.

Hacia las diez de la noche Plinio se *apostó* en una esqui-

---

contertulio, que asiste a la misma *tertulia* (= reunión de personas para hablar)

mirón, que mira y no juega

partida de tresillo, partida, conjunto de jugadas aquí de *tresillo*, una variedad del juego de *cartas*

apostarse, ponerse en un lugar con algún fin

carta

na cerca de la casa de doña Carmen. Pero enseguida dijo: «Tonto de mí» y se fue a la parte de atrás de la casa. Enseguida se abrió la puerta y salió una tartana pequeña. La siguió. La tartana se detuvo a la puerta de la iglesia, a la puerta de atrás de la iglesia. Salieron cuatro personas y entraron por la puerta pequeña en la iglesia. La tartana se fue. Plinio esperó paseando. A las once en punto volvió la tartana. Salieron de la iglesia cuatro personas. Volvieron a casa de doña Carmen y, siempre por la puerta de atrás, entraron. Plinio vio que cerraban la puerta y esperó. Al poco rato se oyó un coche. Salió el Ford de don Onofre. Lo llevaba él mismo.

Al día siguiente se reunieron en casa del cura. El cura empezó a hablar:

– Ella tenía un aire muy *sereno*. Y escribe bien. No sé

---

sereno, tranquilo

cuándo habrá aprendido. Hizo la *firma* muy bien.

– ¿Le notó usted algo? – preguntó don Gonzalo.

– Pues . . . no podría decir ni que sí ni que no . . . Había poca luz en la iglesia. Me pareció algo pálida y la figura un poco cambiada . . . Pero no podría asegurar nada.

– ¿Y él?

– ¿Él? Como siempre . . . con la misma cara que cuando se casó con Carmen hace quince años . . . Lo interesante es que la gente habla . . . y no entiendo cómo la noticia de la boda ha podido correr tan deprisa.

– ¿Y qué dicen en el pueblo? – preguntó el médico con ansiedad.

– Muchas cosas . . . ¿Es posible que ustedes no hayan oido nada?

– Yo no – dijo don Gonzalo.

– Yo he oido que la gente dice que Joaquinita *envenenó* a doña Carmen – dijo el cura.

– Eso mismo me han dicho a mí – dijo Plinio.

– Yo lo que he oido – dijo el veterinario – es que la mataron los dos juntos. Que, además, era un proyecto viejo y que por eso don Onofre mandó a uno que matase a Antonia, porque Antonia había descubierto el proyecto de los dos.

– Es *curioso* . . . La gente adivina todo . . . no sólo los proyectos sino los hechos exactos . . . Que Dios me perdone – dijo el cura.

– Bueno – dijo Plinio. No conviene que don Onofre y

---

firma, el nombre completo que una persona pone al final de un escrito

envenenar, matar con *veneno,* cualquier cosa que entrando en el cuerpo produce la muerte

curioso, aquí: digno de notar

Joaquinita crean que nosotros nos ocupamos de lo que dice la gente.

– Tienes razón, Manuel – dijo el cura.

Los recién casados estaban en la casa de campo de «Las Pozas». Don Onofre iba a Tomelloso solamente los sábados para pagar a los gañanes. No aparecía por el Casino. La gente seguía hablando. El miércoles de *ceniza* Plinio estaba de mal humor porque ese día era el día de más *jaleo* de todo el carnaval y por lo tanto de más trabajo para los policías.

A las once de la mañana de este día Plinio estaba en su despacho de un humor cada vez más malo cuando sonó el teléfono.

Más que hablar, escuchó y salió enseguida. Se puso la gorra ya en la calle y se fue como un rayo al «Teatro Echegaray». Entró como un *huracán* y se puso delante de la taquillera. No le dio tiempo a hablar.

– Don Isidoro está en el escenario – le dijo la muchacha.

Don Isidoro con un gran *puro* en la boca y con el *gabán* puesto estaba mirando los trabajos de su gente para preparar el baile de por la noche.

– Buenos días, don Isidoro.

– Buenos días, Manuel. Un momento.

Don Isidoro dijo algo a unos hombres que estaba colocando un *piano* y se fue con Plinio a un lado del escenario.

---

ceniza, lo que queda cuando se quema algo. Entre católicos el miércoles de ceniza (= primer día de cuaresma) el cura le hace a las personas que lo deseen una cruz de ceniza en la frente, para recordarles que ellos también serán ceniza. (polvo)

jaleo, aquí: ruido y movimiento

huracán, viento muy fuerte

puro, gabán, piano, ver ilustración en página 14

Al llegar puso un pie sobre una alfombra arrollada.

– Esta alfombra – dijo – es de la *guardarropía* del teatro. La ponemos solamente cuando hay alguna compañía de teatro o para el baile del miércoles de ceniza. Este año no se ha utilizado. Estaba igual que la dejamos el año pasado el jueves de carnaval.

– ¿Y cómo la vio y pudo ocultar quien fuera esas cosas que usted me dijo? – preguntó Plinio.

– Ya he pensado en esto. He preguntado y hemos pensado que la alfombra debió quedar arrollada en el escenario, hasta el domingo de Piñata . . . Allí la debió ver quien ocultó las cosas.

– ¿Y cómo no la vimos nosotros?

– Debió ser que la alfombra la guardaron en la guardarropía después del baile de la tarde. Cuando hicimos el registro después del baile de la noche, la alfombra ya estaba en el cuarto de guardarropía, cerrado siempre con llave. Allí, naturalmente no se nos ocurrió mirar para buscar las cosas que se hubiesen dejado olvidadas las máscaras del baile de la tarde.

– Ya . . . si hubiésemos encontrado antes esa alfombra.

– Hace un rato, momentos antes de llamarle, al *desenrollarla* Montera y Ramírez encontraron las cosas que le he dicho.

– Vamos a ver esas cosas – dijo Plinio.

Se detuvieron ante la puerta de uno de los *camerinos* y don Isidoro sacó una llave de su bolsillo con la que abrió.

---

guardarropía, en el teatro conjunto de trajes y cosas necesarias para representar y el lugar donde se guardan estas cosas
desenrollar, aquí: extender
camerino, en el teatro, cuarto en que los *actores* (= personas que representan) se visten para salir al escenario

Entraron y mostró a Plinio un paquete que estaba en el suelo.

Plinio se inclinó sobre el paquete y vio que se trataba de una sábana grande manchada de sangre.

– Fíjese en eso – dijo don Isidoro, quitándose el puro de la boca: ¡dos ces!

– Carmen Calabria . . . – dijo Plinio casi sin voz.

Sacó algo duro que estaba envuelto en la sábana y dijo:

– Es un bastón *de estoque*.

– Sí, pero quien lo usó no se fijó que lo era.

Plinio sacó el estoque. Estaba completamente limpio. Luego envolvió todas las cosas.

Cuando ya iban a despedirse don Isidoro le dijo a Plinio:

– Oiga usted, Manuel, ¿cómo sabía usted que el criminal había entrado en el baile la tarde del domingo de Piñata y se había dejado algo?

Plinio sacó del bolsillo de la guerrera un papelito y se lo dio a don Isidoro que lo miró con mucha atención.

– Esta entrada – dijo Plinio – la encontré la misma tarde del crimen en . . . en cierto lugar.

– Ya.

Plinio se fue enseguida a casa de don Lotario. Desde allí llamó al médico forense. El cura y don Gonzalo llegaron enseguida. Llegó el forense. Examinó la sábana y dijo:

bastón de estoque

---

estoque, ver ilustración. *de estoque* se dice porque a veces el estoque suele llevarse metido en un bastón

– Esto es sangre. Y esto es *masa encefálica*. Todos fueron pasando por delante del *microscopio*.

A la hora de comer, por fin pudo Plinio quedarse solo y pudo pensar en lo que debía hacer. Ahora tenía que obrar él solo.

Pensó que lo primero que debía hacer era hablar con don Onofre. Pero sin Joaquinita. Por ello pensó que no era buena idea ir a «Las Pozas». Para ello tenía que esperar hasta el sábado.

Pasada la alegría del miércoles de ceniza la gente volvió a hablar de si Joaquinita había matado a las dos mujeres o si había sido don Onofre.

El viernes por la tarde Plinio habló con don Lotario y le dijo:

– Mañana por la mañana, temprano, deja usted el Ford, con la sábana y el bastón en la puerta de atrás de casa de doña Carmen. A las siete en punto nos encontramos en el café de Rocío, que Maleza nos espere en el coche.

El sábado por la mañana Plinio mandó a un guardia vestido de *paisano* que vigilase sin ser visto la llegada de don Onofre a su casa y que se lo avisase en el café de Rocío.

Luego se marchó.

– ¡Me han dicho que ahora recoge usted sábanas viejas! – le dijo Rocío al verle entrar.

microscopio

---

masa encefálica, = *sesos,* ver ilustración en página 13
paisano, aquí: ir vestido de *civil* (= sin ninguna clase de uniforme; civil se usa frente a militar o persona uniformada)

– Anda, ponme un café – dijo Plinio que estaba de muy buen humor.

– ¡Ay, Manuel de mi alma! Si no estuviese ya casado, que se casaba usted conmigo . . . ¡lo saben los guardias!

– Eso puedes asegurarlo – dijo Plinio riendo.

Estaban en esto cuando entró don Lotario envuelto en su capa. Desayunaron. Hacia las ocho y cuarto apareció el policía de paisano y le hizo una seña a Plinio. Salieron Plinio y don Lotario.

– Tú, puedes marcharte – le dijo Plinio al policía. Usted espéreme en el coche.

Plinio llamó a la puerta principal de casa de doña Carmen. La puerta estaba entreabierta.

– Pase – gritó don Onofre desde la escalera.

– Buenos días, don Onofre – saludó Manuel.

– ¡Hola, Manuel! ¡Sube, sube, desayuna conmigo!

– Muchas gracias acabo de hacerlo.

– Vamos, no me vas a decir que no a un café.

Plinio sonrió y pensó: Realmente este hombre es buena persona. Don Onofre sonreía con un gesto limpio.

Trajeron el café.

– Tú dirás, mi buen Manuel . . . dijo don Onofre sonriendo.

– Vengo . . . a que vea usted unos objetos que hemos encontrado.

– ¿U . . . nos objetos?

– Sí.

– Veamos . . . dijo don Onofre con cara de no comprender.

– Los tengo abajo. Un momento.

Plinio salió y volvió con los objetos.

– ¿Conoce usted este bastón?

– Sí . . . Era del padre de Carmen o de un hermano . . .

No sé. ¿Dónde lo has encontrado? Estaba en el *desván*.

– Ahora le explicaré – dijo Plinio y le mostró la sábana. ¿Reconoce usted esto?

– Sí. Son las letras que lleva toda la ropa de mi casa. Como sin darle importancia, Plinio señaló las manchas de la sábana y dijo:

– Esto es sangre y esto son *sesos*.

– ¿Dónde has encontrado estas cosas, Manuel?

– Estaban en el teatrillo, desde el domingo de Piñata del año pasado, envueltas en una alfombra que estaba arrollada.

Hubo un largo silencio. Don Onofre dijo:

– ¿Y qué piensas, Manuel?

– Pienso como usted, don Onofre, que estas cosas salieron de esta casa la tarde que mataron a Antonia.

– ¡Dios mío! ¡Dios mío! – exclamó.

– Cuando vine el año pasado ni usted ni doña Carmen pudieron decirme con seguridad que Joaquinita no había salido de casa.

– ¿Qué motivos podía tener Joaquinita, mi actual mujer . . . para matar a Antonia?

– Don Onofre . . . tengo que hacerle una pregunta *delicada*. Sus relaciones amorosas con Joaquinita, ¿cuándo comenzaron?

– Hace mucho tiempo . . . A poco de entrar aquí – dijo don Onofre sin voz.

– ¿Lo sabía doña Carmen?

– La pobre . . ., no.

– ¿Y Antonia?

---

desván, la parte alta de las casas en la que no se vive
sesos, ver ilustración en página 13
delicada, aquí: difícil de hacer porque es muy personal

– No sé. No me era simpática. No se le escapaba nada. Pero no lo sé.

– Ya . . . ¿Pero usted cree que notó algo?

– No tengo pruebas Manuel, pero es muy posible. No se le escapaba nada.

– ¿A usted no le dijo nada entonces?

– No, por Dios.

– ¿Y a Joaquinita? A Joaquinita sí pudo decirle . . . amenazarla . . .

– Nunca me dijo nada.

– No habría conseguido nada. Usted a Antonia no podía echarla de casa.

– No.

– Un día u otro Antonia podía decírselo a doña Carmen. En ese caso lo seguro es que doña Carmen le rogase a usted que despidiese a Joaquinita.

– Es posible.

– Entonces Joaquinita decidió arreglar ella las cosas por sí sola.

– ¡No, Manuel! Es mi mujer . . . ¡Lleva un hijo mío dentro! . . . No puede ser . . . Hay que arreglar ésto como sea . . . Ella es buena . . . Me quiere . . . Yo también la quiero, Manuel. Con ella encontré la felicidad del matrimonio. La otra, pobre . . . ya sabes.

– Don Onofre a pesar de lo *tremendo* que es esto . . . hay algo más grave que usted debe ignorar.

– ¿Qué Manuel?

– El médico cree que doña Carmen murió asfixiada.

Don Onofre tenía la cabeza entre sus manos.

– Alguien había esperado – siguió Plinio – que doña

---

tremendo, terrible

Carmen muriera de pulmonía y cuando pasó el peligro ese alguien se ocupó de obrar en vez de la pulmonía... Casarse con don Onofre era importante... Y más si ya creía que estaba *embarazada*...

Don Onofre seguía con la cabeza entre las manos presa del terror.

– Pero usted, don Onofre, no podía estar del todo ignorante de las cosas que pasaban. Algo presentía ¿verdad? ¿Por qué se casó con ella? Usted odiaba a su mujer, que nunca fue suya totalmente, que siempre, siempre le *traicionó* con el pensamiento. Que sólo vivió para recordar a su novio... A usted también le interesaba que doña Carmen desapareciera ¿verdad don Onofre? Usted sabía y no sabía. Usted es el *cómplice* moral de ella.

Don Onofre empezó a llorar en silencio. Plinio calló. Dejó pasar unos minutos. Miró el reloj.

– ¿No tiene nada que decirme, don Onofre?

– No, Manuel. Te ruego que me dejes un poco de tiempo para pensar en estas cosas.

– Como usted quiera ¿nos veremos esta tarde?

– Bueno. Estaré aquí.

Manuel tomó el paquete debajo del brazo y salió por la parte de atrás de la casa.

Don Lotario estaba muerto de frío, envuelto en su capa.

– ¡*Qué barbaridad*, Manuel! Creí que no salías.

– Vamos, deprisa, don Lotario. Vamos a «Las Pozas».

---

embarazada, que espera un hijo

traicionar, no ser fiel

cómplice, persona que sin hacer el crimen toma parte en su preparación

¡*qué barbaridad*!, expresión que indica admiración por algo que sale de lo normal

– ¿Qué dice don Onofre?

– Nada, absolutamente nada. Se ha puesto a llorar.

Preguntas

1. ¿Por qué se hizo Plinio socio del Círculo Liberal y qué hacía allí?

2. ¿Cuándo se casa don Onofre y con quién? ¿Qué piensa usted de esta boda?

3. ¿Qué vio Plinio aquella noche entre las 10 y las 11?

4. ¿Qué dicen las gentes del pueblo sobre la muerte de doña Carmen? ¿Qué piensa usted ahora?

5. ¿Quién llama a Plinio por teléfono y qué le dice? ¿Qué encuentran en el teatro? Intente explicar cómo han llegado allí aquellas cosas.

6. ¿Qué plan se hace Plinio para descubrir al criminal? ¿Cuánto tiempo ha pasado desde la muerte de Antonia?

7. ¿Qué piensa usted después de leer la conversación que han tenido Plinio y don Onofre? ¿Qué piensa Plinio?

X.

Llegaron sin ver a nadie hasta la puerta principal de la casa. Al llegar a la puerta vieron a Pedro.

– ¿Dónde está Joaquinita? – preguntó Plinio muy serio.

– Ahí – dijo el viejo casi temblando –. Está con su padre. Plinio abrió la puerta que le señaló el viejo y dijo:

– ¿Se puede pasar?

Joaquinita y su padre, interrumpidos en la conversación se quedaron callados.

– ¿Venían ustedes aquí o van de paso? – preguntó Joaquinita.

– Tenemos aquí unas cosas que queremos que veas – dijo Plinio.

– Muy bien.

El padre de Joaquinita miraba sin decir ni una palabra.

– ¿Cuándo ha venido usted del pueblo? – le preguntó Plinio.

– No viene del pueblo – dijo Joaquinita.

– Usted ha venido esta misma mañana del pueblo.

– ¿Se puede saber a qué viene esto? – dijo Joaquinita. Plinio le mostró el bastón.

– ¿Tú has visto esto alguna vez?

– No, señor. No recuerdo haberlo visto.

– ¿Y esta sábana?

– Es una sábana de mi casa.

– Eso es, de «tu» casa . . ., y esto también es sangre de «tu» casa.

– Ya sé lo que quiere usted decir – dijo Joaquinita mirando a su padre. Esto es lo que llevaba la máscara que mató a Antonia.

– ¿Cómo lo sabes?

– Lo sabe todo el pueblo.

– ¿Cómo sabes que lo sabe todo el pueblo? Porque tu padre te ha traído la noticia. En el carro están las compras que ha hecho. Pero el pueblo sabe también quién mató a Antonia.

– ¿Ah, sí? ¿Quién?

– Tú.

– El pueblo está equivocado y tú también – dijo el padre.

– Por lo que veo sólo ustedes saben la verdad.

– La mató Onofre – dijo el viejo.

– ¿Y tú qué dices?

– No tengo que decir más de lo que ha dicho mi padre. Él la mató.

– ¿Por qué?

– Ella sabía que Onofre y yo nos veíamos a solas y amenazó con decírselo a doña Carmen.

– Ya . . . ¿y tú sabías que la iba a matar?

– No, pero le vi salir, hacia las seis aquella tarde.

– ¿Iba vestido de máscara?

– Sí.

– ¿Con esto?

– No. De militar antiguo. Llevaba un paquete debajo del brazo y volvió después de las siete.

– ¿Él sabe que tú lo viste?

– No.

– ¿Por qué no lo *denunciaste*?

– No estaba segura.

– ¿Cómo te casaste con un criminal?

– Como no se descubrió . . . No todos los días el amo

---

denunciar, aquí: dar noticia del crimen

quiere casarse con la criada . . . Además como estaba embarazada.

– ¿Y a doña Carmen quién la mató?

– Él.

– ¿Lo viste?

– No lo vi, pero fue el único que entró en el cuarto de doña Carmen cuando el médico se fue.

– ¿Tú sabías que doña Carmen no ha muerto por enfermedad?

– No lo supe hasta que no me dijeron lo que se decía por el pueblo.

– Bueno, pues vámonos – dijo Plinio.

– Esperen y tomen algo – dijo Joaquinita.

– No. Y ustedes se vienen con nosotros también. Esta declaración tienen que hacerla en el *Juzgado* y firmarla.

Durante el tiempo que les llevó el camino Plinio pensaba en tantas cosas. Llegaron al Juzgado y entraron rápidamente. Como una hora después Plinio estaba en casa de don Onofre, con don Lotario.

– Adelante – dijo el dueño de la casa. Perdonen un momento – dijo mientras cerraba una carta y ponía la dirección. Es el *borrador* de mi testamento.

– ¿Has ido a hablar con mi mujer, verdad?

– Sí.

– ¿Y qué? ¿Has sacado algo en claro?

– Las pruebas están contra ella.

– Las pruebas mienten – dijo don Onofre. Yo maté a Antonia y a Carmen.

– ¿Por qué? – dijo Plinio.

– Porque quería casarme con Joaquinita.

Juzgado, ver nota a 'forense' en página 49

borrador, escrito en el que se pueden añadir o quitar cosas

– Es una buena razón ¿que tenía que ver Antonia con esto?

– Sabía que yo tenía relaciones con Joaquinita.

– Podía haberla despedido.

– Le hubiera dado mucha pena a Carmen.

– Mayor pena le dio con matarla. – ¿Cómo la mató?

– Pues...me vestí de máscara...con una sábana...La esperé en el callejón de la vaquería y ...

– ¿Y luego qué hizo?

– Me fui al baile y guardé la sábana en una alfombra. También el bastón.

– ¿Y dónde estaba la alfombra?

– En un *pasillo*. En un pasillo interior.

– Y luego salió usted del baile vestido de paisano. Como va ahora.

– Eso es.

– Y a doña Carmen ¿cómo la mató?

– Le eché *veneno* en la comida.

– Enséñeme qué veneno . . . todavía le quedará. Y cambiando el tono de voz le dijo muy serio:

– Usted no ha matado ni una *mosca*, don Onofre. Pero de todas maneras véngase al Juzgado para firmar esta declaración.

Don Onofre se echó a llorar al tiempo que se levantaba.

– Se trata de mi hijo, Manuel, de mi único hijo . . .

Fueron al Juzgado en el coche de don Lotario. Mientras don Onofre estaba con el Juez, Plinio y don Lotario

---

pasillo, lugar de paso (de pasar) largo y estrecho en el interior de una casa, por ejemplo

veneno, ver nota a 'envenenar' en página 76

mosca, ver ilustración en página 12

sacaron a Joaquinita y a su padre que estaban en otro cuarto y los llevaron a la casa de doña Carmen. Ya allí Plinio le dijo a Joaquinita:

– Cuando Onofre, tu marido, volvió de matar a Antonia, ¿tú le viste entrar?

– Sí.

– ¿Venía vestido de paisano?

– No. De militar. Como salió.

– Vamos ahora mismo a ver ese traje.

– Yo no sé dónde está . . . Espere, sí.

Salió y detrás don Lotario, Plinio e Inocente. Llegaron al desván.

– Ese es – dijo señalando el traje.

Plinio cogió la chaqueta y los pantalones y los puso en el aire.

– Este traje no le sirve a don Onofre aunque *adelgazase* treinta kilos y aunque lo cortasen por la mitad – dijo Plinio a gritos. Y volviéndose hacia el padre de Joaquinita se lo puso delante y gritó:

– ¡A usted sí que le iría bien! Y dejando caer el traje lo cogió por la chaqueta y le dió de golpes contra la pared.

– ¡*Canalla*! ¡Qué bien le habría venido . . .!

– ¡Cuidado, Manuel! – gritó don Lotario –. ¡La *navaja*!

El padre de Joaquinita había sacado una gran navaja de la chaqueta cuando gritó don Lotario.

– ¡Suelta esa navaja, canalla! dijo Plinio al tiempo que

navaja

---

adelgazar, ponerse delgado
canalla, el adjetivo más duro que puede decirse a uno que comete acciones que hay que condenar

ponía la punta del sable sobre el viejo.

– ¡Suelte, padre!

Plinio con la mano libre sacó del bolsillo de su pantalón las viejas *esposas*.

– Póngaselas usted, don Lotario.

– ¡Qué familia más bien *avenida*! El padre quitó de en medio a Antonia y la hija a Carmen. Uno a la criada . . . otra al ama . . .

– Yo no maté a nadie – dijo Joaquinita.

– Eso nos lo vas a explicar en la cárcel – dijo Plinio.

– Tú no puedes meter en la cárcel a mi hija – dijo el viejo.

– Ya lo creo, y para muchos años. Vámonos – añadió Plinio.

Después de completar las declaraciones, Manuel pudo reconstruir totalmente el crimen de Antonia y el de doña Carmen de la siguiente manera:

La noche del domingo de carnaval, cuando don Onofre visitaba a Joaquinita en su habitación, ella creyó oir un ruido a la puerta. Abrió y vio a Antonia inmóvil junto a la puerta. Antonia miró a Joaquinita, con un gesto duro. Antonia se llevó el dedo a la boca, pidiendo silencio. Joaquinita entró de nuevo.

– ¿Qué era? – preguntó don Onofre.

– Nada. Creí haber oido un ruido.

Al día siguiente, lunes de carnaval, Antonia le dijo a Joaquinita:

– Oye, niña, el próximo sábado, cuando venga tu pa-

esposas

---

avenida, aquí: que está de acuerdo en todo

dre al pueblo, te vas a ir con él para siempre. Dirás a los señores que te sientes mal y que deseas ir unos días al campo ¿entiendes? Unos días que serán toda tu vida.

– ¿Y si no quiero?

– Si no quieres, ahora mismo se lo digo todo a doña Carmen y no hay que esperar al domingo . . . Si el señor quiere seguirte viendo, que sea en otro lado. Aquí no, porque a mí *no* me *da la gana.*

Joaquinita lloró un poco y le prometió a Antonia que haría lo que Antonia decía.

El sábado por la mañana Joaquinita y su padre hablaron largo rato e hicieron sus planes.

Joaquinita le dijo después a Antonia que su padre se quedaría en el pueblo hasta el lunes después de Piñata. La vieja dijo que estaba bien así.

El domingo de Piñata, Joaquinita con mucho cuidado abrió la puerta de atrás de la casa y le dió a su padre que esperaba en la puerta del callejón el paquete y volvió enseguida a la casa. El padre de Joaquinita se perdió entre las máscaras, camino del cementerio.

La enfermedad de doña Carmen dio a Joaquinita y a su padre la esperanza de una muerte cercana. Pero aquella noche cuando don Gonzalo, el médico dijo ante don Onofre que la enfermedad estaba vencida el padre y la hija se miraron.

Sin decir nada y mientras don Onofre estaba cenando, Joaquinita pasó al cuarto de doña Carmen. La habitación estaba iluminada por la luz de una *lamparilla de aceite.* La señora dormía, casi boca abajo, como era su cos-

 lamparilla de aceite

---

no dar la gana, expresión fuerte y familiar por 'no quiero'

tumbre. Joaquinita se acercó a la cama. La volvió un poco más hasta dejarla completamente boca abajo y entonces, apagó la lamparilla, se subió en la cama y se sentó sobre la cabeza de doña Carmen, apoyándose con los *talones* en el cuerpo de la señora para hacer mayor fuerza, hasta que el cuerpo de la señora no se movía. Entonces, bajó, encendió de nuevo la lamparilla, colocó a la señora en la posición en que ella dormía siempre, le cerró la boca y los ojos, y con pasos muy suaves salió del cuarto.

En la cocina encontró a su padre, que estaba cenando. Se miraron sin decir una palabra y Joaquinita se puso a cenar con su padre.

Preguntas

1. ¿Qué piensa usted de Inocente?

2. ¿Ama Joaquinita a don Onofre? Razone su respuesta.

3. ¿Ama don Onofre a Joaquinita? ¿Razone su respuesta?

4. ¿Quién es el asesino don Onofre o Joaquinita? ¿Qué le parece a usted Joaquinita? ¿Qué tipo de persona es? Intente analizar la personalidad de Joaquinita.

5. ¿Por qué don Onofre se confiesa asesino? ¿Lo es? Si no lo es ¿qué pretende don Onofre salvar a su futuro hijo o a su mujer?

6. ¿Qué es Joaquinita para don Onofre?

7. ¿Cree Plinio que don Onofre es el asesino? Explique las razones de Plinio.

---

talón, ver ilustración en página 13

Epílogo
XI.

Cuando don Lotario y Plinio se encontraron para tomar café la tarde de aquel sábado de carnaval, último capítulo de los crímenes de la calle de la Luz, el veterinario le dijo a Plinio:

– Lo que todavía no he comprendido, Manuel, es cómo supiste que el autor del primer crimen era el padre de Joaquinita.

Manuel, antes de contestar, se pasó la mano por la boca, tomó un poco de café y dijo:

– Cuando vimos en «Las Pozas» al padre y a la hija juntos comprendí que eran cómplices. Era casi seguro que Joaquinita no había salido a la calle el domingo de Piñata. Por último, cuando cogí el uniforme para ver si podía servirle a don Onofre noté en los ojos de Inocente una mirada tan extraña . . . y resultaba un uniforme tan apropiado para su *talla* que no dudé que fuera él. Casi sin pensarlo hice lo que hice.

– Yo cuando le vi sacar la navaja, me di cuenta de que habías acertado.

– Probablemente lo hubiera hecho igual por defender a su hija.

– No creo. Bueno. Mañana seguro que Rocío te invita a desayunar.

– Y a usted también . . .

En la puerta del salón apareció don Gonzalo, que avanzó con los brazos abiertos hacia Manuel. En ese momento llegó también el cura:

---

talla, medida

– No puede uno fiarse ni de los *«inocentes»*, Manuel – dijo a grandes voces.

Todos los del Casino se rieron.

Preguntas

1. ¿Quiere reconstruir el crimen?

2. ¿Qué le ha parecido esta historia?

3. ¿Cuál de los personajes le ha interesado más y por qué?

4. ¿Puede analizar la situación de cada uno de los personajes en los momentos centrales del relato?

5. ¿Puede describir la vida de Tomelloso?

6. ¿Puede comentar el método policiaco de Plinio?

7. ¿Qué le parece Plinio como persona? ¿Y como policía?

---

inocente, persona libre de culpa; aquí juego de palabras con el nombre del asesino